L'ART DE L'ORGANISATION

Trucs et conseils pour une vie mieux organisée

À la maison

Au travail

En voyage

L'ART DE L'ORGANISATION

Trucs et conseils pour une vie mieux organisée

À la maison

Au travail

En voyage

Nathalie Bureau

97-B, Montée des Bouleaux,
Saint-Constant, Qc, Canada J5A 1A9,
Tél. : 450 638-3338   Téléc. : 450 638-4338
www.broquet.qc.ca   Courriel : info@broquet.qc.ca

Catalogage avant publication de Bibliothèque et Archives
nationales du Québec et Bibliothèque et Archives Canada

Bureau, Nathalie

    L'art de l'organisation

    Comprend des réf. bibliogr.

    ISBN 978-2-89654-020-4

    1. Rangement à la maison. 2. Ordre. 3. Budgets temps.
I. Titre.

TX309.B87 2008   640'.41   C2008-940889-6

POUR L'AIDE À LA RÉALISATION DE SON PROGRAMME ÉDITORIAL, L'ÉDITEUR REMERCIE :
    Le Gouvernement du Canada par l'entremise du Programme d'Aide au
développement de l'industrie de l'édition (PADIÉ) ; La Société de développement des
entreprises culturelles (SODEC) ; L'Association pour l'exportation du livre canadien (AELC).
    Le Gouvernement du Québec – Programme de crédit d'impôt pour l'édition de livres –
Gestion SODEC.

Photos :
Couverture avant : haut gauche : © Sean Locke | istockphoto,
haut milieu : © Darrengreen | Dreamstime.com, haut droite : © Grafikeray | Dreamstime.com
principale bas : © webphotographeer | istockphoto
Couverture arrière : gauche : © webphotographeer | istockphoto,
droite : © Pertusinas | Dreamstime.com

Révision : Andrée Laprise, Diane Martin
Infographie : Karine Gagnon, Annabelle Gauthier

Copyright © Ottawa 2008 Broquet Inc.
Dépôt légal – Bibliothèque nationale du Québec
2e trimestre 2008

Imprimé au Canada

ISBN 978-2-89654-020-4

Table des matières

Note de l'auteure

S aviez-vous que le sens de l'ordre n'est inné que chez une personne sur quatre ? Bien des gens éprouvent des sentiments de perte de contrôle et de stress parce qu'ils ne sont pas organisés. Ils croient même qu'ils n'y peuvent rien. En fait, c'est faux, car on peut apprendre à être ordonné. Ce livre se veut donc un guide rempli de trucs et de conseils pour vous faciliter la vie, alléger vos journées et vous donner plus de temps libre pour respirer, pour vous relaxer, entre amis ou en famille, et pour faire tout ce qui, par manque de temps, vous est impossible.

Certains croiront qu'être organisé signifie se transformer en robot et exécuter des tâches de façon routinière. Pourtant, l'organisation n'enlève rien à la spontanéité.

Par contre, même quand vous serez bien organisé, il y aura encore des oublis ou des imprévus, des clés perdues ou des arrêts au dépanneur. Mais ces petits contretemps seront de moins en moins fréquents et vous apprendrez à les prévenir.

Bien entendu, on ne peut pas tout changer d'un seul coup. Si vous décidez de mettre en application d'un bloc toutes les suggestions contenues dans ce livre, vous serez sans doute déçu et peut-être dépassé. Il vaut mieux procéder par étape. De plus, certaines techniques font peut-être déjà partie de votre routine. À vous de voir s'il y a lieu de faire quelques ajustements.

Et ne baissez pas les bras trop rapidement. Certaines personnes remarqueront des changements en quelques jours, alors que d'autres auront besoin de deux, voire de trois semaines. En fait, des études ont montré que l'être humain a besoin de 21 jours d'essai continu pour adopter une nouvelle habitude et de 30 jours pour l'intégrer à son style de vie. Il se peut également qu'un truc soit inefficace dans votre foyer. Si c'est le cas, avez-vous bien suivi les étapes proposées ? Si nécessaire, tous les membres de la famille participent-ils au changement ? Avez-vous appliqué le changement pendant 21 jours en continu ? Si vous répondez oui à ces trois questions, le truc suggéré ne convient peut-être pas aux besoins de votre famille. Vous pourriez essayer de modifier ou adapter le truc à votre réalité.

Rappelez-vous : chaque pas vers une meilleure organisation est un pas vers la liberté…

Introduction

C ela vous est sûrement déjà arrivé ! Vous avez un rendez-vous important et alors que vous êtes sur le point de partir, vous n'arrivez pas
à mettre la main sur vos clés. Même une fouille systématique de la
maison ne donne rien. Finalement, vous appelez un taxi, qui vous coûtera
une fortune, et vous serez immanquablement en retard. Une fois à destination, vous constaterez que vous avez oublié un document indispensable à
votre rencontre à cause de tout ce stress engendré inutilement.

Et cette situation peut se reproduire quelques fois dans l'année, chaque
mois, chaque semaine ou quotidiennement. Rassurez-vous, vous n'êtes pas
seul. Voici par contre une bonne nouvelle : on peut apprendre à s'organiser.

Il s'agit avant tout de mesurer votre niveau d'organisation, d'en expliquer
les principes généraux et de fixer des objectifs. Le premier chapitre propose
de nombreux conseils sur l'organisation à la maison, tandis que le chapitre
suivant se consacre au milieu du travail. Le troisième chapitre discutera de
l'organisation en voyage et, le quatrième, en voyage avec des enfants.

Commencez par l'introduction, qui vous donnera des repères simples
et clairs. Ensuite, attardez-vous aux sujets qui vous intéressent. Cependant,
il vaut mieux lire le chapitre 3 avant le chapitre 4 si ce sont les voyages qui
vous préoccupent.

À qui ce livre est-il destiné ?

Chacun a son propre niveau de tolérance face à la désorganisation ou au
fouillis. Alors qu'une personne sera dépassée par le désordre qui règne dans
une pièce, une autre ne le remarquera pas. La notion de désorganisation ou
de fouillis est donc très subjective. Par contre, ce livre est surtout destiné à
ceux qui veulent changer.

Que vous soyez jeune adulte ou retraité, que vous soyez totalement
désorganisé ou éprouviez quelques difficultés dans certains domaines particu-
liers, les astuces suggérés vous aideront à maximiser votre temps. Même si
vous êtes très organisé, de nouveaux trucs vous permettront d'apprécier davantage le temps libéré.

En fait, ce livre s'adresse à toute personne qui veut changer et jouir d'une
meilleure qualité de vie et qui désire plus de calme, plus d'harmonie et mieux
contrôler sa vie.

Ce que ce livre peut vous apporter

L'organisation vous permettra d'améliorer votre productivité, réduira votre stress et vous donnera plus de maîtrise sur le temps, l'espace et les activités de votre vie, car les minutes passées à s'organiser sont rapidement récupérées. Plus besoin de retourner faire des courses cinq fois dans la semaine, de tourner en rond dans la maison à la recherche d'un objet quelconque, de trouver une solution de rechange parce qu'on a oublié un papier important. Bref, on gagne des minutes, voire des heures, du temps supplémentaire pour réaliser ses rêves…

L'organisation aide à éliminer les petits tracas de la vie et donc à réduire le stress. Qu'y a-t-il de plus essoufflant que de courir pour le déjeuner, pour préparer le lunch des enfants, pour aller reconduire ceux-ci au centre de garde, sans oublier de passer prendre le journal au dépanneur du coin ? Qu'y a-t-il de plus stressant qu'une pièce encombrée au point qu'on ne peut s'y asseoir ? À tout cela, il existe une solution.

Enfin, vous aurez l'impression de maîtriser votre vie. Vous serez moins à bout de souffle, toujours à courir après le temps qui passe sans pouvoir le rattraper. Les petits oublis ne décideront plus de votre horaire, le fouillis de votre demeure ne déterminera plus votre humeur du matin.

Sans parler de l'abondance. En effet, l'encombrement empêche la prospérité, la santé, le bonheur et l'argent de prendre leur place dans votre vie. Il crée des blocages physiques, mentaux et émotifs. L'espace ainsi libéré vous permettra de remplir votre vie de ce que vous aimez et chérissez. Que ferez-vous de toutes ces nouvelles libres ? Comment verrez-vous la vie avec un nouveau sourire de personne reposée, calme et… organisée ?

S'organiser, c'est économiser du temps. Il suffit de comprendre la réelle valeur de l'organisation !

Test : Suis-je organisé ?

Ce test vous permettra de prendre conscience de votre niveau d'organisation ou de désorganisation et de faire le bilan. Il n'y a pas de « bonnes » ou de « mauvaises » réponses. Prenez quelques minutes pour y répondre.

Répondez franchement et non selon l'objectif à atteindre ou votre souhait. Le portrait n'en sera que meilleur et il vous sera plus facile, ensuite, de fixer des buts.

Notez la date du premier test et la couleur du crayon utilisé pour y répondre. Lorsque vous aurez mis en application les principes, répondez, quelques mois plus tard, de nouveau aux questions, cette fois en employant une couleur différente, et comparez les résultats. Il devrait y avoir une nette amélioration. Vous avez plusieurs choses à changer ? Refaites le test une troisième fois.

Date du premier test : _____ Couleur utilisée : _____

Date du deuxième test : _____ Couleur utilisée : _____

Date du troisième test : _____ Couleur utilisée : _____

1. Les pièces de mon foyer sont bien rangées.
   ❑ aucune   ❑ quelques-unes   ❑ la plupart   ❑ toutes

2. Je me sens bien chez moi.
   ❑ rarement   ❑ parfois   ❑ souvent   ❑ toujours

3. Il y a une place pour chaque chose.
   ❑ aucune   ❑ quelques-unes   ❑ la plupart   ❑ toutes

4. Je retrouve facilement les choses dont j'ai besoin.
   ❑ rarement   ❑ parfois   ❑ souvent   ❑ toujours

5. Les objets que je possède me servent dans ma vie actuelle.
   ❑ j'ai plusieurs   ❑ j'ai quelques   ❑ la plupart   ❑ tous
   objets inutiles   objets inutiles   me servent   me servent

6. J'ai porté tous les vêtements que je possède au moins cinq fois dans la dernière année (hormis le costume d'Halloween).
   ❑ je ne sais   ❑ seulement   ❑ presque   ❑ tout
   pas ce que   la moitié de ce   tout ce que   ce que
   je possède   que je possède   je possède   je possède

7. J'utilise un agenda ou un calendrier qui me permet de bien gérer mon temps
   ❑ je n'ai pas   ❑ j'ai un agenda,   ❑ j'ai un agenda   ❑ j'ai un
   d'agenda   mais je cours après mais j'oubli quel-   système
                     le temps   ques rendez-vous   très efficace

8. Mon agenda ou mon calendrier est clair et facile d'accès.
   ❑ non   ❑ facile d'accès,   ❑ clair, mais pas   ❑ oui
                     mais pas très clair facile d'accès

9. Je classe les choses (factures, paperasse) régulièrement.
   ❏ jamais ❏ une fois par mois ❏ une fois par semaine ❏ chaque jour

10. Je respecte une routine quotidienne.
    ❏ jamais ❏ parfois ❏ souvent ❏ toujours

11. Je fixe des priorités pour la journée.
    ❏ jamais ❏ parfois ❏ souvent ❏ toujours

12. Je respecte l'ordre des priorités établies.
    ❏ jamais ❏ parfois ❏ souvent ❏ toujours

13. Je respecte les étapes d'une « façon de faire » (recette, assemblage).
    ❏ jamais ❏ parfois ❏ souvent ❏ toujours

14. Je dispose de temps libre pour me reposer.
    ❏ jamais ❏ parfois ❏ souvent ❏ régulière-ment

15. Je suis capable d'adapter mon système d'organisation au fur et à mesure que les besoins dans mon travail et dans ma vie évoluent.
    ❏ très difficilement ❏ difficilement ❏ facilement ❏ très facilement

TOTAL

Faites le total du nombre de cases cochées dans chaque colonne. Cela devrait vous révéler votre profil.

Le but est d'obtenir le plus possible de réponses dans la colonne de droite, laquelle représente un niveau d'organisation optimal.

Selon mes objectifs personnels (voir cette section un peu plus loin), je prévois refaire ce test à cette date : _____ et aussi une autre fois à cette date : _____.

*** Courez vite l'inscrire dans votre agenda ou sur votre calendrier !

Principes généraux de l'organisation

La décision

Voilà! Vous êtes décidé. Vous voulez être mieux organisé. Bravo! C'est la toute première étape. Sans cette décision, personne ne pourra vous aider, pas même un organisateur professionnel. À quoi bon passer trois fins de semaine à faire du ménage et être désorganisé en trois jours, si vous n'avez pas changé vos habitudes? Ce sera la partie la plus difficile: changer vos habitudes; mais ce sera aussi la plus salutaire.

Il est difficile de se décider à changer. Ce modèle que l'on répète quotidiennement est peut-être sécurisant? Ou encore, on peut avoir peur de l'inconfort qui viendra avec le changement. On croit que tout cela est impossible à faire. Nous l'avons dit, il faut trois semaines pour mettre en place de nouvelles méthodes. De grâce, ne vous laissez pas abattre dès le premier échec: il faudra du temps et des ajustements et revoir votre liste de priorités. Alors, prêt?

Il faut d'abord s'y mettre

Toutes les pièces de la maison vous découragent profondément… « Il y a tellement à faire! » Il est normal de se sentir un peu submergé. Comme dans toute nouvelle situation, il faut y aller à petits pas et prendre les choses une à la fois.

D'abord, établissez un moment dans votre emploi du temps qui sera consacré à votre nouvelle tâche, soit vous organiser. Pour maximiser ce temps, refusez d'être dérangé et laissez votre boîte vocale faire son travail. Mettez une musique entraînante, puis choisissez la pièce où vous désirez concentrer vos efforts, celle qui mérite vraiment un bon ménage. Vous verrez plus facilement les résultats.

On peut faire le ménage en solitaire ou en compagnie des autres membres de la famille, selon l'objectif visé. Si vous voulez réduire le contenu de votre garde-robe, la présence de votre adolescent est inutile. Par contre, dans une pièce commune comme la salle de cinéma maison, il sera avantageux de mettre tout le monde à contribution.

Munissez-vous de bons outils: un bac de récupération, un sac-poubelle, une boîte pour les objets à donner, une autre pour ceux à vendre, un marqueur pour bien identifier le contenu de la boîte et la personne à qui elle est destinée, des chiffons et des produits nettoyants.

Concentrez-vous d'abord sur ce qui est apparent: les revues qui traînent sur les tables, les vêtements empilés sur une chaise, etc. Triez, donnez, recyclez, vendez, classez, réparez, jetez et nettoyez.

Ce que cela veut dire :

✔   *Triez* votre paperasse en trois piles :

    - à lire (ne conservez que l'article désiré et recyclez le reste du journal ou de la revue),

    - à conserver pour référence ultérieure,

    - à traiter très bientôt (compte arrivant à échéance sous peu).

✔   *Donnez* ce qui ne vous va plus ou ne vous sert plus et dont une autre personne ou un organisme pourrait bénéficier.

✔   *Recyclez* les vieux journaux en les mettant au bac, les revues vieilles de plus de deux mois, par exemple en les apportant dans la salle d'attente du dentiste ou du médecin.

✔   *Vendez* ce qui a encore une valeur monétaire, mais que vous n'utilisez plus.

✔   *Classez* les papiers par date, les vêtements par catégories (pantalons ensemble, chemisiers ensemble), les livres par sujet, etc.

✔   *Réparez* ce qui est encore bon, mais qui ne peut être utilisé dans l'état actuel (bouton manquant à votre pantalon, roue à recoller sur un jouet, etc.).

✔   *Jetez* ce qui ne peut être donné, réparé, recyclé ou vendu.

✔   *Nettoyez* un objet afin qu'il retrouve son éclat et, surtout, nettoyez avant de remettre les objets en place (tant qu' à avoir tout vidé !).

Ne prenez chaque objet qu'une seule fois. Ne conservez que les choses dont vous avez vraiment besoin (par opposition aux choses que vous aime-riez garder « au cas »). Évitez les pièges émotifs qui vous font conserver des babioles inutiles, de peur de vexer la personne qui vous les a offertes. Si ça ne sert plus, ça ne devrait pas dormir sur vos tablettes. Depuis combien de temps l'objet n'a-t-il pas servi ? À quoi cela sert-il de le garder ? Si vous vous

---

En résumé :

1.   Attaquez-vous à ce qui est apparent.

2.   Triez, donnez, recyclez, vendez, classez, réparez, jetez et nettoyez.

3.   Convenez d'un lieu d'appartenance pour chaque objet en installant un dispositif si nécessaire (panier, crochet, etc.).

4.   Répétez les étapes pour les objets cachés dans les tiroirs ou les garde-robes.

en débarrassiez, et en aviez besoin plus tard, serait-il facile de vous procurer un objet semblable?

Ensuite, trouvez un lieu d'appartenance pour chaque objet. Qu'est-ce qu'un lieu d'appartenance? C'est un endroit où chacun devra consentir à ranger l'objet dès qu'il n'est pas utilisé. Par exemple, les nombreuses télé-commandes seront toutes rangées dans le premier tiroir à gauche sous la banquette de la salle de cinéma maison. Ainsi, elles seront faciles à trouver et n'encombreront pas le champ visuel ou les fauteuils. À cette étape, il vous faudra sûrement vous procurer séparateurs, paniers, classeurs, boîtes, cro-chets, etc. Ils vous faciliteront la vie et vous permettront de créer des lieux d'appartenance rapidement.

Ensuite, refaites l'exercice avec les objets cachés (dans les garde-robes ou les tiroirs). Soyez tout aussi intraitable : triez, donnez, recyclez, vendez, classez, réparez, jetez et nettoyez.

Remettez à la personne concernée ses objets en lui demandant de les trier et de leur trouver ensuite une place appropriée. Par exemple, les revues de mode et la trousse de maquillage de votre adolescente ne devraient pas se trouver sur la table du salon.

Vous devriez avoir des résultats positifs en moins de trente minutes.

Quand chaque minute compte

Même si le ménage n'est prévu que dans deux jours, mais que vous avez tout à coup quelques minutes, allez-y, utilisez-les! Chaque minute compte. Voici quelques suggestions.

 Si vous avez **deux** minutes :
- mettez les circulaires de la semaine dernière au recyclage ;
- testez vos nombreux stylos et jetez ceux dont l'encre a séché ;
- expédiez au recyclage les journaux de plus de deux jours ;
- rangez ce qui traîne (jouets, revues, casquette, mitaines, etc.).

(5) Si vous avez **cinq** minutes :
- jetez la vieille compote de pommes qui moisit depuis deux mois au fond du frigo ;
- ouvrez le courrier qui s'empile depuis une semaine et triez-le ;
- recousez un bouton ;
- payez quelques comptes (par le biais d'Internet ou par chèque).

10 Si vous avez **dix** minutes :
-    préparez un plat de crudités que vous laisserez au réfrigérateur ;
-    appelez un parent ou un ami ;
-    pliez les vêtements qui sont dans la sécheuse ;
-    faites le ménage du tiroir à paperasse de la cuisine.

30 Si vous avez **trente** minutes :
-    époussetez deux ou trois pièces ;
-    triez des vêtements de votre penderie
        (donnez ce qui ne vous va plus) ;
-    lavez la salle de bains ou la cuisine ;
-    élaguez les nombreux livres de votre bibliothèque,
        donnez-en quelques-uns.

Bien sûr, cette liste de petits gestes minute peut s'allonger et se diversifier selon vos besoins.

Essayez, juste pour voir ! Vous constaterez rapidement que ce ménage éclair vous procure un grand sentiment d'accomplissement et vous permet de faire quand même pas mal de choses.

Puisque chaque minute compte, pensez à tous ces moments où, bien malgré vous, vous perdez votre temps ; que ce soit dans la salle d'attente chez le dentiste, le coiffeur, le médecin, le garagiste, à la clinique sans rendez-vous, etc. Cette attente peut parfois être très longue (surtout si on n'a rien à faire !). Faites fructifier ce temps. Ne partez jamais les mains vides. Par exemple, profitez-en pour lire les articles découpés que vous conservez depuis des jours, faites du reprisage, dressez votre liste de priorités pour le lendemain, tricotez, allez faire quelques achats au commerce voisin, apportez un livre ou une revue que vous aimez (ne vous fiez pas à celles des salles d'attente qui sont souvent très vieilles), allez faire une promenade à l'extérieur, etc.

La veille du rendez-vous, préparez votre sac. Qui sait ? Vous serez peut-être aussi choyé que cette enseignante à qui on a offert le bureau du garagiste pour faire ses corrections pendant qu'on réparait sa voiture. Comme le lui a dit le propriétaire : « Je n'en ai pas besoin, je suis occupé dans le garage ! »

Chaque minute compte et ce sont ces petits pas quotidiens qui vous aident à mieux gérer votre temps.

La collaboration de chacun

Que ce soit pour le grand ménage de départ ou pour tous les petits gestes quotidiens, chaque membre de la famille doit collaborer. Même un enfant d'un an peut contribuer à l'organisation familiale. Quel bel héritage que de lui enseigner à ranger ses marionnettes dans le panier avant de sortir les petites voitures ! Quel investissement rentable pour les parents qui, plus tard, n'auront pas à insister auprès de leurs enfants pour qu'ils rangent leurs effets personnels. Cela deviendra un réflexe et peut-être même une nécessité.

Si un enfant de deux ans peut vider le panier à ustensiles du lave-vaisselle, imaginez ce qu'un ado peut faire ! Il faut enseigner à nos enfants à être organisé tout comme nous leur avons enseigné à parler. On ne naît pas organisé, on l'apprend. Quel beau défi pour tout parent ! Et n'ayez crainte, si votre ado a 15 ans, il n'est pas encore trop tard… (Mais le plus tôt possible sera le mieux.)

Par la suite, la rigueur

Une fois le ménage fait, d'un seul tiroir ou d'une chambre, le plus simple et le plus rentable est de replacer les choses au fur et à mesure. Vous avez fini d'utiliser la calculatrice ? Remettez-la dans le tiroir. Le journal est lu ? Immédiatement au bac de recyclage. On a fini d'écouter de la musique ? On range les pochettes.

Ces quelques secondes bien investies éviteront que les comptoirs, les tables ou les fauteuils disparaissent sous une montagne d'objets qu'il faudra éventuellement ranger. Pensez également au bien-être ressenti lorsque vous entrerez dans une pièce rangée et que vous pourrez vous y asseoir pour lire votre livre préféré ou regarder un bon film.

Mes objectifs personnels

Se fixer des objectifs et les noter, voilà le meilleur moyen de voir les choses changer. Il y a deux types d'objectifs : ceux demandant des actions concrètes et immédiates et ceux ultérieurs, conséquents aux premiers, apportant des résultats. Par exemple, « faire le ménage du garage » est un objectif concret et immédiat, alors que « retrouver ce dont j'ai besoin dans le garage » est un objectif à plus long terme conséquent aux actions entreprises. Cet objectif est le résultat du premier objectif.

Prenez donc quelques instants pour choisir vos objectifs concrets et immédiats et les délais pour les atteindre. Limitez-vous à un maximum de quinze activités par liste, cela vous évitera le découragement..

Soyez précis et morcelez le plus possible vos défis. Ainsi, au lieu d'écrire : « Faire le ménage de ma chambre à coucher (avant le 10 octobre) », il sera beaucoup plus encourageant de découper cette grosse tâche en de multiples petites tâches telles :

✔   faire le ménage de mon tiroir à sous-vêtements (28 sept.)
✔   envoyer le couvre-lit chez le nettoyeur (30 sept.)
✔   trier des revues sur ma table de nuit (1er oct.)
✔   faire le ménage de ma penderie (4 oct.)
✔   laver les rideaux (7 oct.)
✔   etc.

Incitez les autres membres de la famille à faire de même et déterminez les tâches de chacun dans les pièces communes. Les enfants peuvent également s'établir une série de tâches. Une fois votre liste complétée, affichez-la dans un endroit où vous pourrez la voir quotidiennement. Placez les listes faisant référence à des pièces communes dans un endroit fréquenté par tous (la cuisine, par exemple), ce qui permettra de motiver chacun. Vous avez atteint un objectif ? Raturez-le immédiatement et constatez vos progrès. Imaginez la fierté ressentie si, en plus, vous accomplissez votre tâche avant la date fixée. Un surligneur vous permettra d'ajouter de magnifiques couleurs à votre liste à mesure que les objectifs seront atteints.

Cela dit, déterminez votre objectif ultime (pouvoir inviter des gens à l'improviste, me sentir bien chez moi, avoir plus de temps, etc.) et un délai raisonnable pour l'atteindre. Ce délai raisonnable vous sera dicté par la liste d'objectifs concrets et immédiats que vous avez déjà dressée, par vos résultats au test et par votre niveau d'engagement. Si la majorité de vos réponses se situaient dans la colonne de gauche, vous aurez sans doute besoin de plus de temps pour vous sentir mieux organisé que si vos réponses étaient surtout au centre ou à droite. Quels résultats désirez-vous obtenir ? Inscrivez cet objectif ultime en gros caractères sur votre liste de petits objectifs et lisez-le régulièrement. Visualisez-le et voyez comment les tâches pour y arriver vous sembleront ainsi moins lourdes puisque votre résultat sera davantage concret.

Prévoyez une récompense chaque fois que vous terminez une série de quinze objectifs ou encore qu'une des pièces est rangée. Allez au cinéma, prenez un repas au restaurant en amoureux, allez jouer aux quilles en famille… Choisissez des récompenses personnelles ou familiales selon la situation.

Le temps pour s'organiser dépend en majeure partie de celui qu'on y consacre et de sa rigueur. Plus vous vous investirez, plus rapidement vous en tirerez profit. Fixez deux dates où vous pourrez refaire le test «Suis-je organisé?» afin de constater vos progrès. Vous devriez refaire le test à la moitié du temps prévu et une troisième fois à la fin. Notez ces dates et inscrivez-les sur votre calendrier ou dans votre agenda.

Bonne organisation, bonne meilleure vie en perspective!

L'organisation à la maison

On aurait envie de vivre dans certaines maisons tant l'environnement de nos hôtes est parfait. Pour d'autres, leur lieu de vie est si chaotique que l'on se sent vite mal à l'aise, malgré la gentillesse des occupants. Comment vous sentez-vous dans votre propre demeure? Comment les gens se sentent-ils lorsqu'ils vous rendent visite?

L'agenda ou le calendrier

L'agenda ou le calendrier, c'est le pouls de votre maisonnée. C'est lui qui fera en sorte que vous n'oublierez pas l'entraînement de soccer de votre petite dernière (qui a changé d'heure exceptionnellement!), votre rendez-vous chez le dentiste ou la réunion scolaire de votre plus vieux. Encore faut-il l'utiliser.

D'abord, votre agenda ou le calendrier familial devrait se trouver dans un endroit stratégique de la maison, là où chacun peut y accéder facilement. Idéalement, on le laissera près du téléphone pour noter les rendez-vous dès qu'ils sont confirmés. On gardera aussi un crayon accroché au calendrier ou posé sur l'agenda.

Avoir un agenda ou un calendrier facilement accessible est une chose, mais pouvoir s'y retrouver en est une autre. Si l'on superpose les écritures ou que l'on fait des flèches dont on ignore la fin, à quoi servira-t-il? Choisissez donc un outil qui conviendra à tous. Vos besoins d'espace pour écrire seront très différents, selon que vous êtes deux ou six personnes à la maison. Il existe en librairie un agenda familial qui permet de prendre en note non seulement les rendez-vous mais également les tâches ménagères de la journée. De plus, il contient une liste d'épicerie détachable.

Regroupez dans un même agenda ou calendrier les rendez-vous et activités de toute la famille. En tout temps, inscrivez lisiblement l'heure du rendez-vous. Utilisez un crayon à mine; il est plus simple d'effacer que de raturer et d'occuper l'espace qui serait disponible autrement. N'apposez jamais de notes autocollantes sur votre agenda ou calendrier. Il est trop facile de les perdre.

Voici des idées que vous pourrez adapter.

Idée numéro un: munissez-vous d'un agenda ou calendrier vertical (les dates sont l'une au-dessus de l'autre) et divisez la page en colonnes, chacune étant dédiée aux rendez-vous ou activités de chaque membre du foyer. Utilisez une colonne *autres* pour inscrire les anniversaires, les factures à payer, etc. (voir l'exemple à la page suivante).

Août 2008					
Date	Robert	Josée	Edward	Mathis	Maèva	Autres
1			19h: entraînement badminton		16h: dentiste	
2				9h-11h: vaccins 15h45: pédiatre		Anni-versaire Claire
3		18h30: cours baladi				Payer facture électricité
4				16h30: cours natation		
5	Sortie familiale à la Cité de l'Énergie					

Idée numéro deux: utilisez un calendrier ou agenda ordinaire sur lequel vous utiliserez une couleur différente pour chacun. Par exemple: les rendez-vous ou activités de Sophie en rouge, ceux de Jean en noir et ceux d'Ophélie en vert. Cela nécessite que les trois stylos soient constamment disponibles auprès dudit calendrier ou agenda.

Idée numéro trois: notez le rendez-vous en le faisant précéder de l'initiale encerclée de la personne concernée. Par exemple: ℝ 17h15 garage ou encore, © 18h45 leçon piano. «R» étant Richard et «C» Carolane. Bien sûr, cela suppose qu'il n'y a que des initiales uniques dans votre famille.

Il peut y avoir une multitude de possibilités. Faites en sorte que votre méthode vous donne rapidement et aisément accès à l'agenda ou au calendrier, qu'il soit facilement lisible, qu'il soit toujours situé au même endroit (idéalement près du téléphone) et qu'il regroupe les rendez-vous et activités de tous.

Pour savoir si votre méthode est efficace, demandez-vous combien de fois dans la dernière année vous avez oublié un rendez-vous, que ce soit pour vous, votre conjoint ou l'un de vos enfants. Si la réponse est *aucune*, conservez votre méthode. Elle est efficace. Si c'est plus de deux fois ou si vous ne pouvez tout simplement pas les compter, car les oublis sont trop nombreux, discutez-en avec les personnes qui partagent votre quotidien et utilisez l'une des méthodes suggérées.

Pour ménager des pas

Qui n'a pas, plusieurs fois dans sa vie, dû revenir sur ses pas parce qu'il avait oublié quelque chose ? Mauvaise planification ? Idée de dernière minute ? Peu importe. Revenir sur ses pas est parfois très énervant, surtout sur une longue distance.

Pour payer mes études, j'ai exercé le métier de serveuse et j'ai alors appris une leçon simple qui me sert quotidiennement depuis : « Ne jamais marcher les mains vides. » Ce principe oblige en quelque sorte à mieux planifier et il a l'avantage indéniable de ménager des dizaines, sinon des centaines de pas par jour.

On apporte à la cuisine le veston que l'on enfilera après avoir déjeuné. On rapporte sur le comptoir le verre de jus vide, tout en allant chercher les rôties dans le grille-pain. On laisse à la salle de lavage la débarbouillette sale qui traînait dans la salle de bains. On vient d'avoir une idée géniale qui oblige à monter au deuxième étage ? Pourquoi ne pas prendre le livre qui était resté au salon et dont nous aurons besoin ce soir avant le coucher ? Bref, on se trouve quelque chose à transporter.

Pour ceux qui font fréquemment la navette entre divers étages, il est très sensé de laisser un petit panier au bas et en haut des marches. On y dépose l'objet à transporter à l'étage supérieur ou inférieur et, au moment de s'y rendre, on emporte le panier. De cette façon, on oublie moins de choses et on évite les pas inutiles. Il suffit de rapporter le panier à son lieu d'origine au retour. De plus, il existe de si beaux paniers de nos jours qu'ils deviennent une décoration en soi.

Que l'on habite un petit appartement ou une grande maison, ces conseils sauront sûrement trouver un écho chez vous et vos jambes fatiguées vous remercieront.

Pour faire fructifier son temps devant le téléviseur

Selon vous, combien de temps en moyenne les Québécois passent-ils devant le téléviseur chaque semaine ? Regarder la télévision quelques heures par semaine n'est pas bien grave, tant et aussi longtemps que la télévision ne gère pas votre vie. Certaines personnes refusent une invitation au restaurant, une promenade en plein air ou une offre de gardiennage uniquement parce qu'elles ne veulent pas rater une ou des émissions préférées. Ou encore, elles accepteront l'invitation tout en enregistrant leurs émissions (vive la technologie !) et elles passeront la soirée du lendemain à les regarder, en plus de celles présentées ce soir-là, alors que le conjoint ou les enfants seront laissés à eux-mêmes. On a peut-être même connu des couples qui se sont déchirés à cause du petit écran… Ces mêmes personnes seront malheureusement les mêmes qui se plaindront de n'avoir jamais de temps pour lire un bon livre ou pour laver la voiture.

Bref, si vous êtes accro à la télé, posez-vous quelques questions simples. Le téléviseur mine-t-il votre santé physique, émotive, mentale? Si oui, c'est que vous passez trop de temps installé dans votre fauteuil à regarder s'animer des images. Qu'est-ce que vous retirez de ces émissions? De la relaxation, de la détente, de l'information utile, du plaisir, rien de tout ça? Ensuite, que perdez-vous à rester rivé aussi longtemps devant le petit écran? Des contacts avec des personnes qui vous tiennent à cœur, du temps pour faire des activités en famille, l'occasion de faire de l'activité physique, le calme (parce que vous devez ensuite rattraper le temps perdu)?

Demandez-vous s'il n'y a pas des émissions moins nécessaires que vous pourriez éliminer. Par exemple, si vous aimez regarder les informations, pourquoi ne pas les écouter à la radio, dans la voiture au retour du travail, plutôt qu'à la télévision pendant le souper familial? Ce repas pourrait être riche en conversations de toutes sortes. Et que dire de cette émission qui vous empêche de dormir le soir parce que les personnages vous mettent en rogne? Ne vaudrait-il pas mieux vous abstenir de la regarder et gagner des minutes ou des heures de sommeil précieuses?

Si vous ne croyez pas être dépendant de la télévision, essayez ce défi proposé chaque année dans les écoles: une semaine sans télé. Débranchez votre téléviseur pendant une semaine. Si vous voulez connaître la météo, par exemple, utilisez les lignes téléphoniques d'Environnement Canada, écoutez la radio ou visitez leur site Internet. Jusqu'à quel point pouvez-vous survivre sans le petit écran? Si c'est difficile, c'est que vous en êtes dépendant. Peut-être vous rendrez-vous compte qu'il est plaisant de passer plus de temps en famille, avec ses amis, seul à vous relaxer ou à faire des projets mis de côté depuis longtemps. Ce petit exercice vous permettra peut-être de réviser vos priorités.

Si vous regardez le petit écran de façon raisonnable (ou non), est-il possible de le faire tout en faisant fructifier ces minutes, sinon ces heures? Eh bien oui! Des trucs feront en sorte que ce temps sera plus productif.

Le premier consiste à faire des activités ne requérant pas trop de concentration. Vous pouvez, juste avant l'émission ou plus tôt dans la journée, sortir les vêtements de la sécheuse ou les décrocher de la corde à linge et les plier pendant que vous regardez la télé. Vous pourriez également trier le courrier reçu dans la journée ou ranger les jouets qui traînent.

Le deuxième truc consiste à faire de l'activité physique. Vous combinez ainsi un grand bienfait pour votre corps tout en vous faisant plaisir à regarder la télé. Certains installeront un téléviseur au sous-sol près de leur vélo. D'autres préféreront faire des exercices d'étirement au sol dans le salon. D'autres encore en profiteront pour épousseter la pièce et iront même dans une autre pièce pour continuer si un autre téléviseur s'y trouve.

Le troisième et dernier truc, sous peine de me faire détester par certains commerçants, consiste à se lever pendant les pauses publicitaires. Cela évitera l'ankylose de vos muscles et articulations et vous permettra de compléter des tâches à faire en différentes étapes. Vous pourriez finir de préparer votre sac pour le lendemain, finir votre lunch (si vous n'avez pas suivi le truc dans la section Le lunch du lendemain), aller ranger les vêtements que vous venez de plier, mettre les vêtements dans la sécheuse, compléter les préparatifs avant de dormir (vous démaquiller, vous brosser les dents, mettre votre pyjama), sortir les ordures, etc.

Bref, il existe une foule de choses qu'on peut faire tout en regardant la télévision. Ce serait bête de ne pas les faire…

Pour éviter la course folle du matin

Nombre de personnes partent au travail ou à l'école déjà à bout de souffle. Quelle façon désagréable de commencer la journée !

Afin de partir du bon pied et à temps, il faut se préparer la veille. En fait, il ne faut idéalement rien laisser au hasard, car c'est celui-ci qui occasionne le plus de retard.

Tout ce qui peut être fait la veille doit être fait justement.

✔ Sortez et inspectez vos vêtements.

✔ Préparez votre lunch.

✔ Préparez votre sac (sac à dos, mallette, sac pour les courses, etc.) et ceux des enfants.

✔ Préparez le nécessaire pour le déjeuner. Programmez la cafetière, mettez la table, sortez vos vitamines ou vos médicaments, versez les céréales dans les bols pour les enfants, etc.

✔ Informez-vous des conditions météo pour la nuit et le lendemain (se lever plus tôt si on doit déneiger la voiture ou sortir l'imperméable).

Le matin même :

✔ Réveillez-vous quelques minutes plus tôt.

✔ Voyez s'il y a des routes bloquées qui occasionneront des détours ou des ralentissements.

✔ Interdisez la télévision.

✔ Respectez l'horaire établi pour l'utilisation de la salle de bains.

✔ Faites sonner une alarme qui indiquera aux membres de votre famille qu'il ne reste que sept minutes (ou tout autre temps déterminé) avant l'heure du départ.

✔ Ne vous plongez pas trop avidement dans la lecture du journal.

Essayez de rendre vos enfants les plus autonomes possible, afin de vous libérer de précieuses minutes. Placez les objets indispensables à une hauteur convenable pour eux. Par exemple, fixez des crochets dans le hall d'entrée afin qu'ils puissent décrocher et accrocher leur manteau. Réservez-leur une tablette basse dans une armoire ou le garde-manger pour y disposer bols, assiettes et verres en plastique ainsi que les céréales pour le déjeuner. Fixez un organitout pour placard avec compartiments déterminés pour les vêtements de la semaine. Rangez les brosses à dents à une hauteur convenable ou prévoyez un petit marchepied. Bref, tentez de vous faciliter la vie en leur donnant accès à leurs choses.

En planifiant et en instaurant une routine, vous laisserez moins de choses au hasard, et votre départ matinal se fera en douceur.

Les conversations téléphoniques

Peu importe que vous receviez beaucoup ou peu d'appels téléphoniques dans une journée, achetez un casque d'écoute pour votre téléphone sans fil. Vous ne le regretterez pas. Il vous permettra de parler pendant de longues minutes sans avoir à souffrir des maux de cou ou de dos associés à un combiné coincé entre l'épaule et l'oreille. De plus, vous pourrez effectuer diverses tâches puisque vous aurez les mains libres (si, bien sûr, le combiné téléphonique est accroché à votre taille). Avant d'acheter, essayez les différents modèles. Les casques ne seront pas tous confortables pour vous ou pour les autres membres de la maisonnée. À la limite, chacun devrait acquérir son propre casque d'écoute.

Voici une solution efficace pour profiter d'une conversation tout en maximisant le temps dépensé. D'abord, la conversation nécessitera-t-elle beaucoup de concentration et s'agit-il d'une conversation formelle ou informelle ? Si vous discutez avec un futur employeur, mieux vaut y consacrer toute votre attention. Installez-vous alors dans un endroit calme où personne ne vous dérangera.

Par contre, s'il s'agit d'une conversation avec votre sœur que vous appelez régulièrement, peut-être ne s'offusquera-t-elle pas que vous fassiez autre chose en même temps. C'est là que le casque d'écoute et le téléphone sans fil entrent en jeu. Avant de composer le numéro, déterminez la tâche à faire, par exemple laver la vaisselle, étendre le linge, épousseter, passer la vadrouille ou arroser les plantes. Bref, n'importe quelle tâche ne demandant pas trop de concentration ou d'attention et pas trop bruyante. Certaines personne ne peuvent pas faire deux tâches à la fois, car elles ont besoin de toute leur attention pour mener une conversation logique. Dans ce cas, eh bien ! assurez-vous d'avoir le temps de piquer votre brin de jasette sinon, vous risquez d'être frustré des minutes passées à l'écoute de votre interlocuteur. Au contraire, si vous êtes une personne « multitâche », imaginez un instant tout ce que vous pourriez faire durant la conversation.

Faire les courses

Voilà une activité hebdomadaire qui requiert du temps. Comment faire en sorte que ces achats nécessaires ne dévorent pas nos si précieuses minutes?

Êtes-vous familiarisé avec les achats par Internet? Vous serez surpris de tout ce qu'on peut faire livrer directement à la maison : prescriptions, timbres, cosmétiques, DVD, livres, revues, articles de bureau, etc. Dans la plupart des villes et des grandes banlieues, il est même possible de recevoir ses courses ou son nettoyage à sec. Voilà une façon plus qu'efficace de gagner du temps.

Pour les autres achats, établissez une liste des lieux à visiter : pharmacie, épicerie, magasin de sports, etc., puis le trajet de façon à ne pas revenir sur vos pas. Demandez-vous si certains arrêts sont urgents ou s'il pourraient attendre une autre semaine. Est-il vraiment nécessaire d'aller courir à l'autre bout de la ville pour un article, même si un autre, quasi identique et dans un lieu plus près de la maison, ferait-il aussi bien l'affaire ? Déléguez des tâches à d'autres membres de votre famille si possible.

Avant de vous rendre à la pharmacie, téléphonez et demandez que votre prescription soit préparée. Il ne vous restera plus qu'à payer (à moins que vous ne l'ayez fait par carte de crédit au téléphone) et partir. N'oubliez pas que l'épicerie devrait être le dernier lieu où vous rendre afin que la qualité de la nourriture ne soit pas altérée. Choisissez des heures moins achalandées, par exemple en début de semaine ou en matinée. Consultez les heures d'ouverture des commerces. Certains sont ouverts jour et nuit. Profitez-en si vous êtes un lève-tôt ou un couche-tard.

La liste d'épicerie

Laissez un bloc-notes aimanté sur la porte du réfrigérateur à la hauteur du plus jeune enfant sachant écrire, afin que chacun y ajoute **au fur et à mesure** ce qui lui manque ou ce qu'il aimerait manger. Lorsqu'un produit est rendu au quart ou au tiers vide, selon la quantité consommée, notez-le sur la liste. Soyez précis. Les mots *beurre d'arachide* ne veulent pas dire grand-chose à la personne qui fera les emplettes, à moins que vous utilisiez toujours la même sorte de beurre d'arachide. Si vous avez envie de changement ou décidez d'ajouter un nouveau produit, il serait bon de préciser que vous voulez du beurre d'arachide naturel croquant, par exemple. Si vous avez envie d'ajouter des petits contenants de jus de légumes à votre lunch et que vous n'inscrivez que les mots *jus de légumes,* il est possible que vous trouviez un contenant de 1,36 litre dans le sac d'emplettes.

Cette façon de procéder, où tous participent à l'élaboration de la liste, enlève une grosse part de responsabilité à la personne qui fait les courses. Chacun devient responsable de ce qu'il a envie de consommer. Cette méthode permet aussi à n'importe qui de saisir la liste et d'aller faire les courses. Il n'y a plus une seule personne qui a toute la charge parce qu'elle est, soi-disant, la seule à savoir vraiment ce dont la famille a besoin. Vous prévenez ainsi les frustrations qui surgissent lorsqu'il manque un produit et cela évite de retourner au dépanneur ou à l'épicerie pendant la semaine. De plus, les adolescents en croissance qui disent souvent: «Y a rien à manger!» n'auront qu'à inscrire sur la liste ce qu'ils veulent consommer.

Si vous préférez faire vos courses chez le boucher, à la boulangerie, chez le poissonnier, etc., divisez votre feuille en sections bien définies. Idéalement, personnalisez avec l'ordinateur un canevas que vous imprimerez et afficherez chaque semaine sur la porte du réfrigérateur ou ailleurs. (Voir l'exemple à la page ci-contre).

Bien sûr, un crayon doit être attaché à la liste à l'aide d'un cordon ou d'une bande velcro. Les enfants seront heureux de participer à cet aspect de la vie familiale, tout en s'entraînant à l'épellation ou en apprenant à tracer leurs lettres pour les plus jeunes. Ce seront peut-être les premières notions de l'art de l'organisation inculquées à vos jeunes.

À l'épicerie

Avant de vous rendre au supermarché, peut-être aurez-vous consulté les circulaires affichant les spéciaux de la semaine et ajouté ces articles à votre

Boucherie	Poissonnerie
❑ 1kg de bœuf haché mi-maigre	❑ crevettes
❑ filet de porc	❑ darnes de saumon
❑ 2 steaks au poivre	❑ filet de sole
❑ 2 biftecks d'aloyau	❑
Boulangerie	**Marché de fruits et légumes**
❑ 1 pain de blé entier	❑ oranges sanguines
❑ 1 baguette	❑ framboises
❑ danoises	❑ pois mange-tout
❑ croissants	❑ brocofleur
❑ chocolatines	❑ asperges
Épicerie d'aliments naturels	**Pharmacie**
❑ soja glacé	❑ couches
❑ boisson de riz	❑ acétaminophène
❑ végépâté	❑ papier hygiénique
❑	❑ mouchoirs
	❑
Épicerie	**Autres**
❑ relish	❑ prendre des tourtières chez belle-maman
❑ 4 litres de lait 2%	❑
❑ poudre à récurer	❑
❑	❑
❑	

liste. Certaines personnes aiment faire provision de ce qui est en solde afin d'économiser et n'hésiteront pas à visiter deux sinon trois épiceries différentes pour ce faire. Vérifiez bien les dates des offres (certains endroits offrent les prix spéciaux à compter du vendredi, du samedi, du dimanche ou du lundi). Avez-vous besoin d'un coupon à découper et à présenter à la caissière ? Les déplacements valent-ils vraiment l'effort ? Par exemple, le supermarché à l'autre bout de la ville offre une boîte de papiers mouchoirs 5 cents moins cher que votre supermarché habituel, mais le temps pour vous y rendre et l'essence dépensée valent-ils l'économie ? Par contre, si ce commerce est à deux pas de votre lieu de travail, pourquoi ne pas en profiter pour vous y rendre à l'heure du lunch ?

D'autres personnes achètent ce dont elles ont besoin sans se soucier des rabais offerts. Pour celles-là, la consultation des circulaires est alors inutile.

Visitez les diverses épiceries du quartier et adoptez-en une seule. Avec le temps, vous saurez exactement où se trouvent les denrées recherchées. Vous éviterez de revenir sur vos pas parce que vous aurez oublié un produit et vous n'aurez pas à chercher un commis parce que l'article convoité est introuvable. Autre avantage indéniable, vous pourrez même en arriver à dresser votre liste dans l'ordre des rangées. Le modèle présenté dans la section précédente peut également être fabriqué selon les allées de votre supermarché. Vous inscrirez d'abord les fruits et légumes suivis des produits de boulangerie, etc. De cette façon, il sera presque impossible d'oublier un produit.

Tentez d'éviter le jeudi soir, jour de paye pour plusieurs, ou le premier du mois, jour d'allocation pour d'autres. Privilégiez les moments peu achalandés comme les soirs en début de semaine ou tôt le matin. N'oubliez pas que les marchandises sont livrées les lundis ou mardis. Les fruits et légumes seront donc plus frais ces jours-là. Il est possible que certains articles en solde ne soient plus disponibles le samedi. La circulation dans les allées est beaucoup plus fluide un dimanche matin à huit heures qu'un jeudi soir à dix-neuf heures. En choisissant le bon moment, vous échapperez aux files d'attente interminables qui se forment à la caisse et vous aurez en prime une place de stationnement tout près de l'entrée. Vous pourrez ainsi économiser jusqu'à trente minutes de votre précieux temps. Par contre, si le supermarché est pour vous un lieu de rencontres, oubliez définitivement les dimanches matin !

Si vos enfants sont assez grands pour circuler dans les allées, et s'ils savent lire, pourquoi ne pas leur confectionner une liste de vivres dont ils seront responsables ? Éloïze sera chargé de trouver les pommes, le pain de blé, le lait 2 %, le jus d'orange, etc., alors que son frère Alexandre aura d'autres aliments à rapporter. Pour les enfants d'âge préscolaire, on peut coller une image des denrées recherchées sur un carton. On marquera d'une croix les provisions au fur et à mesure qu'elles seront trouvées. Carton et marqueur pourront occuper l'enfant pendant que vous emballerez vos emplettes, si toutefois il ne veut pas aider. Si l'on veut réutiliser les images, on colle une enveloppe au verso du carton rigide. Sur ce dernier, on colle les images à l'aide d'adhésif réutilisable bleu. Une fois l'aliment trouvé, on place l'image dans l'enveloppe et l'on récupère la petite boule d'adhésif. On peut aussi se procurer un petit album de photos et l'on glisse les images dans chacune des pages plastifiées. Une fois l'aliment trouvé, on passe à l'image suivante. Il faut un peu de temps pour organiser ces trucs simples, mais l'aventure au supermarché en compagnie d'enfants sera beaucoup plus agréable pour tout le monde.

Le garde-manger

Si votre garde-manger ressemble à un lendemain de tornade, voici quelques astuces.

✔ Placez les ingrédients de base, farine, sucre, cassonade, poudre à lever, bicarbonate de soude, etc., sur une tablette, haute ou basse selon leur fréquence d'utilisation.

✔ Si vos enfants sont jeunes mais relativement autonomes, la tablette du bas pourrait servir aux céréales, gruau instantané, pain et collations qui leur sont destinés. Ainsi, ils pourront se servir seuls.

✔ Bien sûr, si vous avez de jeunes enfants atteints d'allergies alimentaires, la nourriture potentiellement dangereuse sera placée hors de leur portée. Peut-être vous faudra-t-il installer un verrou sur la porte de votre garde-manger, si les petits ont l'esprit aventureux.

✔ Classez également les conserves par catégorie : les soupes ensemble, les fruits puis les légumes, etc. Petit détail : l'image et le nom du contenu devraient être face à vous. Geste encore plus efficace si vous avez différents produits arborant une étiquette semblable.

✔ Votre garde-manger est de style « penderie » et offre un espace restreint ? Déposez vos rangées de conserves ou vos cartons de jus sur le sol ou encore ajoutez des tablettes ou petites étagères. Ces tablettes accueilleront vos contenants de toute petite dimension bien souvent perdus au fond du garde-manger.

L'armoire à épices ou à herbes séchées

Vous aimez relever le goût des plats cuisinés d'épices ou de fines herbes ? Si vous n'avez qu'une douzaine de petits pots, vous trouvez sans doute facilement ce que vous cherchez. Un support conçu à cet effet avec le nom du contenu placé bien en évidence vous suffira. Rappelez-vous que les épices et les herbes séchées doivent être conservées à l'abri de la chaleur, de l'humidité et de la lumière. Alors oubliez le fameux tourniquet de flacons transparents laissé sur le comptoir près de la cuisinière.

Que faire si vous possédez une soixantaine de variétés ou même plus ? D'abord, consacrez-leur une tablette d'armoire. Ensuite, classez-les par ordre alphabétique et disposez les pots le long des côtés et du fond de l'armoire, en formant un « U ». Si l'espace est insuffisant, fixez à l'intérieur de l'armoire plusieurs petits supports spécialement conçus à cet effet. Placez les quatre ou cinq épices ou herbes séchées les plus couramment utilisées dans l'espace libre au centre de l'armoire ou un panier peu profond qui recueillira les restes des sachets de recharge.

L'armoire à plats de plastique

Existe-t-il une manière de survivre à l'organisation de son armoire à plats de plastique, cauchemar de la plupart des foyers et source de nombreuses discussions et prises de bec ?

Choisissez d'abord l'armoire en fonction de votre taille. Monter sur un tabouret chaque fois que l'on a besoin d'un contenant, ce qui se produit en général de façon quotidienne, est désagréable. Les armoires de coin à plateau tournant (lazy Susan) permettent d'avoir facilement accès à tous les contenants.

Procurez-vous des plateaux tournants qui logent une grande quantité de contenants et de couvercles standards. Sinon, rangez les couvercles dans un grand contenant disposé sur une tablette ou encore vissé à l'intérieur de la porte d'armoire. Classez, si possible, vos couvercles par ordre de grandeur. Empilez les plats selon leur taille et leur forme et placez les plus petits en bordure de tablette et les plus volumineux au fond. Logiquement, les contenants utilisés le plus fréquemment seront à portée de main, alors que les autres pourront être un peu moins accessibles.

Les repas

Les repas sont un véritable casse-tête ? Vous mangez ou croyez manger toujours la même chose ? Il vous faut donc planifier. Pas de temps pour planifier ? Les quelques minutes consacrées à la planification seront rapidement récupérées au moment des courses et de la préparation. D'abord, ayez toujours à portée de main carnet et crayon ou un dictaphone, car la planification peut se faire dans l'autobus qui vous mène au travail, dans la voiture pendant un embouteillage, au moment de votre pause du midi, autour de la table au souper, etc.

Si les membres de la famille se plaignent de votre cuisine, faites-les participer à l'élaboration du menu hebdomadaire. Consacrer vingt minutes un dimanche matin à noter les suggestions de chacun empêchera sûrement bien des disputes la semaine venue. Cela évitera d'avoir à retourner à l'épicerie pendant la semaine, surtout aux heures achalandées. Pour mettre un peu de fantaisie dans vos repas, essayez une nouvelle recette par mois.

Établissez un plan. Par exemple, la veille, placez au réfrigérateur les aliments congelés nécessaires pour le souper du lendemain. À votre retour du travail, vous saurez déjà ce qui vous attend à la maison. Temps de cuisson diminué et repas prêt plus rapidement.

Ayez toujours un plat de crudités déjà prêt au réfrigérateur. Servez-les alors que vous finissez de préparer le repas. Cela calmera les estomacs agités.

Ayez toujours les aliments de base dans votre garde-manger (riz, pâtes, huiles, etc.) ou au congélateur (légumes surgelés, croquettes de poulet, etc.) pour éviter de passer à l'épicerie au retour du travail.

Faites participer tous les membres de la famille à l'élaboration du repas si possible. Un enfant de trois ans peut très bien disposer le fromage sur une pizza et votre ado rebelle sera peut-être très flatté de pouvoir faire une activité avec vous, surtout s'il peut lécher la cuillère de glaçage au chocolat! En plus de leur enseigner à préparer et à cuisiner des repas nutritifs et délicieux, vous créez des liens uniques avec eux.

De grâce, augmentez les quantités. Pourquoi ne pas doubler, voire tripler la recette? Il n'y aura pas beaucoup plus d'efforts à y consacrer, le temps de cuisson sera sensiblement le même et les avantages seront nombreux. Conservez les restes jusqu'à trois jours au réfrigérateur, congelez des portions individuelles pour les lunchs ou des portions familiales qui serviront plus tard. Pourquoi ne pas en faire cadeau à une nouvelle maman ou à un ami malade? Faites des réserves pour des visiteurs inattendus. Bref, il y a toujours des imprévus et les petits plats du congélateur seront alors très salvateurs.

Le lunch du lendemain

Si vous apportez un lunch ou des collations au travail ou à l'école, pourquoi attendre le matin même pour les préparer et ne pas le faire tout juste après le souper? C'est le meilleur moment. D'abord, les portions du lendemain seront plus raisonnables puisque vous ne les préparez pas le ventre creux. Ensuite, comme toutes les casseroles sont encore sur le comptoir, pourquoi ne pas en glisser, pour le lendemain, une portion dans un petit plat qu'il ne restera plus qu'à réchauffer au micro-ondes? Ajoutez les à-côtés (fruits, boisson, yogourt, etc.) et en peu de temps, votre lunch est prêt! Le lendemain matin, vous y glissez un bloc réfrigérant et le tour est joué!

Voici quelques trucs pour économiser du temps en ce qui a trait aux à-côtés.

✔ Dressez une liste d'idées pour des collations nutritives que vous afficherez près de l'endroit où vous rangez votre sac à lunch. Il y a des moments où l'on ne sait plus quoi apporter pour combler les fringales !

✔ Les portions individuelles de fromage, de jus, de gâteaux sont un excellent moyen de gagner du temps. Mais pour ceux qui, pour des questions de budget, de goût ou de protection de l'environnement, n'aiment pas cette façon de faire, voici certaines astuces.

Si, par exemple, vous avez cinq lunchs à préparer par semaine, préparez cinq petits pots de yogourt, cinq mini contenants de marinades au choix, cinq petits paquets de galettes de riz, etc. Que votre yogourt soit dans un petit plat pendant trois jours ou qu'il soit dans son contenant d'origine n'altérera pas sa qualité ou son goût. Préparez des crudités que vous laisserez dans un plat hermétique au réfrigérateur. Vous avez envie de faire un gâteau ? Transformez-le plutôt en muffins et vous aurez des collations instantanées.

Vous manquez d'inspiration ? Regardez les repas de vos collègues de travail. Ils vous inspireront peut-être…

Le lavage

Un centre de triage en trois sections pour la lessive est un outil indispensable. Les couleurs pâles, les couleurs foncées et les morceaux à javelliser seront divisés chacun dans leur section. Consacrez la section du centre aux couleurs foncées afin d'éviter qu'une serviette pelucheuse se retrouve dans la laveuse avec votre beau chandail en tricot jaune pâle. Le centre de triage vous permet également de voir instantanément si vous devez faire une brassée de pâle ou de foncé.

Chaque membre de la famille placera ses vêtements à laver dans le centre de triage. Collez ou cousez un petit morceau de feutrine ou de vêtement à l'avant de chaque section pour indiquer à quelle couleur est consacrée la section. Par exemple, découpez un chandail noir pour les couleurs foncées, un pantalon bleu pâle pour les couleurs pâles et une serviette de bain blanche pour les morceaux à javelliser. Vos enfants adoreront fabriquer ces petites icônes qui faciliteront leur propre classement des vêtements sales. Vous croyez que ce petit bricolage prendra beaucoup de temps ? Peut-être, mais vous n'aurez plus à démêler la grosse pile de vêtements souillés avant chaque lessive. Quel temps épargné.

Si vos enfants sont d'âge scolaire, vous pouvez rajouter une liste de couleurs qui sont susceptibles de se retrouver dans chacune des sections. Cela minimisera le nombre d'erreurs et sera très instructif pour eux. Si vous n'avez pas de jeunes enfants, indiquez tout simplement le nom de chacune des sections.

Vérifiez tout de même chacun des vêtements avant de les mettre dans la laveuse, car des erreurs peuvent se produire en quelques occasions !

Le sac à main

Si vous désirez un sac à main rangé, oubliez le sac qui a l'aspect d'une « grosse poche » où tout se retrouve au fond et optez pour un sac qui contient plusieurs pochettes et compartiments.

Remettez les objets au même endroit. Placez votre tube de crème à mains dans la pochette avant de votre sac à main à droite du porte-monnaie, par exemple. Vous n'aurez pas à vider tout le contenu de votre sac pour le trouver. Faites de même pour votre stylo ou votre baume pour les lèvres et pour chacun des objets de votre sac.

Regroupez les petits objets avec des objets de plus grande taille. Prenez l'habitude d'attacher crayon et pinceaux à lèvres à l'aide d'un élastique à cheveux (les plus résistants) directement à votre bâton de rouge, vous aurez alors ces trois éléments d'un seul coup. Faites de même avec votre stylo et votre carnet de chèques.

Le portefeuille

Avant d'acheter un portefeuille, posez-vous quelques questions. Avez-vous beaucoup de cartes à y insérer ? Y mettrez-vous de la monnaie ou la laisserez-vous dans la poche de votre pantalon ? Le carnet de chèques y sera-t-il inséré ?

Privilégiez un portefeuille qui aura plusieurs sections pour les cartes si vous en avez plusieurs et classez-les par thèmes. Par exemple, placez ensemble :

✔ vos cartes d'assurance maladie, d'hôpitaux, de don d'organes et d'assurance médicaments,

✔ vos cartes de crédit, bancaires ou de magasins,

✔ votre permis de conduire, d'assurance automobile et d'immatriculation,

✔ vos cartes de fidélité offertes par différents commerces,

✔ les cartes pour vos enfants (assurance maladie et hôpitaux),

✔ vos cartes professionnelles.

Achetez un portefeuille muni d'un compartiment à monnaie séparé en deux sections, si vous voulez avoir accès rapidement à votre monnaie. L'une peut servir pour les pièces de un et deux dollars et l'autre pour la petite monnaie.

Un portefeuille conçu pour y inclure un chéquier devrait également pouvoir contenir un stylo.

Insérez un ou deux pansements dans une pochette du portefeuille, une petite feuille vierge de format mémo et une clé de rechange pour la maison et la voiture. Vous verrez, ces petits extras peuvent être très utiles à maintes reprises.

Le rangement à DC, DVD et cassettes

Vous n'avez pas beaucoup de disques compacts ? Vous pouvez probablement écouter votre musique préférée sans trop d'efforts. Vous possédez des dizaines, voire des centaines de disques ? Vous avez besoin d'un système de classification, sinon vous passez un temps fou à dénicher le disque que vous cherchez.

Certains choisiront l'ordre alphabétique. D'autres, en plus, sépareront la musique par langue. D'autres encore classeront leurs disques par style musical (blues, rock, alternatif, etc.). Toutes ces méthodes sont valables. Allez-y selon votre personnalité ou selon un accord commun avec les membres de la famille.

Pour le rangement, il existe des tours rotatives, des supports à fixer au mur ou à laisser sur un mobilier, ou encore intégrés dans le meuble audiovidéo. Ces supports sont trop étroits et ne permettent pas d'y ranger les boîtiers spéciaux (en métal ou carton, par exemple). De plus, on doit ranger les disques doubles là où le support l'a prévu et non selon notre organisation. On peut, par contre, se procurer des boîtiers individuels et séparer lesdits albums doubles. Et que faire lorsqu'on achète un nouveau CD ? Il faut déplacer tous les anciens pour lui faire de la place selon l'ordre choisi. Quelle perte de temps !

Le plus simple reste d'acheter un ou plusieurs meubles peu profonds avec portes vitrées sans séparateurs confectionnés sur mesure pour ce type d'usage. Le meuble a généralement des tablettes à hauteur réglable parfaites pour les DVD ou les cassettes audio ou vidéo et les portes les protègent de la poussière. On peut de plus coller des étiquettes d'identification sur le rebord des tablettes ou fabriquer des séparateurs en carton ou en Plexiglas comme on en voit chez les disquaires.

On peut faire de même pour les DVD ou les cassettes et classer les films par genre (comédie, horreur, drame, etc.) ou par ordre alphabétique. À chacun de choisir.

La salle de bains

La salle de bains ne fait pas exception à la règle : chaque chose y a sa place. Bien entendu, chaque chose sera remise à sa place.

Attribuez une tablette de l'armoire à pharmacie, ou du moins un petit espace de celle-ci, à chaque membre de la famille. Ainsi, si Madame se retrouve avec un fouillis dans ses tubes de rouge à lèvres, elle n'aura qu'elle-même à blâmer. De même pour la pagaille dans les différents paquets de lames de rasoir de l'homme de la maison.

Placez les produits communs sur une tablette familiale où chacun s'engage à replacer le produit après son utilisation. Si l'espace le permet, attribuez à chacun un tiroir de rangement. Peut-être l'adolescente réfléchira-t-elle davantage en allant piger un tampon ou une serviette hygiénique dans le tiroir de sa mère parce qu'elle aura oublié d'inscrire ses produits épuisés sur la liste d'épicerie ? N'est-ce pas ainsi une bonne façon de les responsabiliser et, par conséquent, de les aider à s'organiser ? Pensez aux paniers ou compartiments à placer sur les tablettes ou dans les tiroirs pour compartimenter les plus petits articles. On en fabrique de différentes grandeurs, textures et couleurs qui s'intègrent à merveille.

Que faire avec tous les boîtiers de maquillage que l'on accumule au fil des mois et des années ? N'oubliez pas que les produits de beauté ont tous une date de péremption, même si elle n'est pas indiquée sur le contenant. Et après un certain temps d'utilisation, le contenu se contamine et des infections sont alors possibles. Faites d'abord le ménage et jetez ce qui est trop vieux. Si vous avez un boîtier qui a appartenu à votre mère et qui traîne sur vos tablettes depuis votre dernier déménagement il y a cinq ans, il est grand temps de le jeter ou de l'envoyer au recyclage. Le tableau à la page 40 vous indique la durée de divers produits après leur ouverture.

N'achetez des nouveaux produits que lorsque vos réserves sont épuisées. Vous éviterez ainsi d'encombrer vos espaces de rangement. La chaleur et l'humidité de la salle de bains peuvent altérer la qualité de certains produits. Écrivez la date d'achat sur un bout de papier adhésif et fixez-le sur le contenant. Ainsi, vous saurez plus précisément ce qui est expiré.

Classez tous ces contenants grâce à des plateaux à sections multiples ou, sinon, prenez plusieurs petits paniers. Chacun contiendra un type de maquillage différent. Fini la confusion entre un boîtier de fard à joues et un boîtier d'ombres à paupières ! Pour les couleurs les plus utilisées, dessinez un petit symbole sur le dessus ou le côté du boîtier, selon la façon de les ranger, à l'aide d'un vernis à ongles d'une couleur contrastante. Ou alors apposez des autocollants sur les boîtiers. Ils seront ainsi beaucoup plus faciles à repérer. La séance de maquillage matinale sera sûrement plus rapide.

Vos adolescents ou votre conjoint occupent beaucoup de temps dans l'unique salle de bains de la maison à vos dépens ? Eh bien, établissez un horaire et respectez-le. À la limite, affichez-le sur la porte. Un membre de la famille devra peut-être sacrifier quinze minutes de sommeil en échange d'un peu de tranquillité au moment de la douche, mais cela en vaut généralement l'effort.

Si vous avez une salle d'eau, pourquoi ne pas l'utiliser pour le maquillage de Madame, la barbe de Monsieur ou le brossage des dents de toute la famille ? Au pire, l'évier de la cuisine peut aussi bien faire l'affaire pour ces divers soins matinaux.

Une coiffeuse dans la chambre à coucher pourrait permettre aux filles de la maison de se faire une beauté sans encombrer la salle de bains. L'idéal est de tirer le maximum du temps et de l'espace disponibles.

Guide de durée de vie par produit		
Eye-liner	Ce produit, avec le mascara, est le plus susceptible de causer des infections. Ne dépassez pas la date d'expiration. Dans le doute, achetez-en un nouveau.	1 an
Poudre	Ce produit est stable, car il contient des éléments minéraux qui ne s'altèrent pas facilement. Après trois ans, la couleur et le parfum de la poudre peuvent s'oxyder mais, même après ce temps, la poudre, libre ou compacte, ne présente aucun danger.	3 ans
Ombre à paupières	L'ombre à paupières se conserve pendant trois ans sans aucun problème. Par contre, soyez prudente si vous la transportez dans le sac à main ou à cosmétiques afin d'éviter les chocs. Vous vous retrouveriez alors avec de l'ombre en miettes.	3 ans
Fard à joues	Il ne faut pas malmener les fards non plus pendant le transport. Sinon, on peut les garder pendant trois ans sans crainte.	3 ans
Rouge à lèvres	Un rouge à lèvres gras et un brillant à lèvres se conserveront un peu plus de deux ans, alors qu'un rouge mat aura tendance à s'assécher avant la fin de cette période.	2 ans

Fond de teint	Les microbes prolifèrent plus rapidement dans l'eau que dans le gras. Si votre fond de teint est aqueux, il ne se conservera que 6 mois, alors qu'un produit huileux durera jusqu'à un an.	6 mois à 1 an
Mascara	Le plus fragile de tous. Sa brosse ramasse sur les cils des bactéries de toutes sortes et contamine ensuite le mascara. Les formules résistantes à l'eau, sans composant aqueux, se conservent plus longtemps.	4 mois
Vernis à ongles	Sa texture s'altère après un an. Vous pouvez tenter de le diluer avec un dissolvant, mais les résultats sont rarement probants. Rangez-le au réfrigérateur pour qu'il conserve une couleur impeccable plus longtemps.	1 an
Lait corporel	La plupart des laits sont faits d'un mélange d'huile et d'eau. Utilisez-le fréquemment afin qu'il conserve toutes ses propriétés hydratantes et qi'il ait toujours une consistance homogène et laiteuse.	1 an
Crème de soin	La crème de jour ou de nuit commence à s'altérer dès qu'on l'entame. Comme ces produits sont souvent enrichis d'actifs végétaux, de protéines ou d'acides aminés, les bactéries s'y infiltrent rapidement Privilégiez les crèmes en tube plutôt qu'en pot. Sinon, utilisez un bâtonnet au lieu de plonger les doigts dans le contenant.	9 mois
Tonique et démaquillant (yeux et visage)	Comme ils ne se conservent pas longtemps, il est important de les utiliser rapidement après leur ouverture. Pour les appliquer, utilisez des cotons bien propres, sinon vous pourriez contaminer votre peau.	6 mois
Parfum	La durée de vie d'un parfum ou d'une eau de toilette est d'environ trois ans. Passé ce délai, il arrive que l'élixir tourne. Il prend alors une odeur peu agréable. Conservez le flacon à l'ombre, loin de toute source de chaleur, si possible dans son emballage d'origine.	3 ans
Produit solaire	Utilisé quotidiennement, il ne dure que six mois, car il est soumis à la chaleur sur le bord de la piscine, de la plage ou dans la voiture. Passé cette date, il peut causer une réaction allergique. L'autobronzant, pour sa part, se conserve environ quatre mois après l'ouverture.	6 mois

Le vide-poches

Vous avez un rendez-vous et, pour une rare fois, vous serez en avance. Malheureusement, vous ne trouvez pas le petit bout de papier où vous aviez inscrit l'itinéraire et vous perdez un temps fou à le chercher. Vous serez encore en retard. Cela vous ressemble? Il y a une solution toute simple pour vous.

Attribuez un coin spécifique pour votre vide-poches sur le comptoir de la cuisine, sur un meuble ou sur une tablette près de l'entrée de la maison. Je privilégie ce dernier endroit, car si l'on oublie quelque chose au cours d'une journée pluvieuse ou en hiver, on n'a pas besoin d'enlever ses chaussures.

Vous pouvez déposer les objets directement sur la surface choisie, mais il y a des chances que certains se retrouvent sur le plancher, sous le meuble, dans la bouche d'aération ou Dieu sait où! Rien de très organisé! Achetez plutôt un vide-poches conçu à cet effet ou encore un plateau à compartiments multiples.

Qu'y met-on? Tout ce qui sert quotidiennement: les clés de la voiture et de la maison, le paquet de gomme, les mouchoirs, les billets d'autobus, le cellulaire, les lunettes de soleil, la monnaie, etc. Ces articles se retrouvent généralement dans le sac à main d'une femme. Encore faut-il toujours placer le sac au même endroit! Si vous avez un tel sac, le truc du vide-poches n'est sans doute pas très utile pour vous.

Par contre, si vous n'avez pas de sac à main ou, encore, s'il y a des objets que vous partagez avec un autre membre de la famille, un vide-poches est très utile. Y a-t-il dans la maison un seul cellulaire dont tous se servent à tour de rôle? Si oui, il doit se retrouver dans le vide-poches pour éviter une course de dernière minute.

Les tiroirs

À quoi ressemblent vos tiroirs? À un méli-mélo incroyable ou à un classement digne d'une recrue de l'armée? Cela dépend-il de ce qu'il contient? Le tiroir à t-shirts est acceptable, mais celui des chaussettes et des sous-vêtements est immonde? Et celui près du téléphone? Renferme-t-il un amas de divers objets, de la sucette de votre petite dernière maintenant âgée de sept ans jusqu'à différents coupons de réduction expirés depuis deux ans? Il faut agir et vite!

Choisissez un tiroir, n'importe lequel, et faites-en le ménage (voir la section Il faut d'abord s'y mettre). Nettoyez un tiroir par semaine.

Pour les objets de petite dimension, procurez-vous des paniers qui s'emboîtent les uns dans les autres pour former votre propre géométrie. On peut y classer de menus articles tels que bloc-notes, trombones, papier brouillon, etc. Dans la chambre à coucher, ajoutez un séparateur à tiroirs qui consiste en plusieurs morceaux de bois ou de Plexiglas avec encoches qui forment une sorte de grillage. Selon les types, vous aurez des carreaux de tailles identiques ou variables. Vous n'avez donc plus qu'à y enfoncer des chaussettes roulées ou des sous-vêtements pour obtenir un joli carrelage qui sera aussi coloré que les pièces de vêtements que vous y glisserez. Surtout, vous repérerez instantanément le morceau convoité. On trouve ces séparateurs dans les magasins à grande surface, dans les quincailleries et dans les magasins spécialisés. Des boîtes en carton feront aussi bien l'affaire, que ce soit des boîtes achetées dans les magasins à un dollar ou une boîte de papiers mouchoirs dont vous aurez coupé la partie supérieure. Déposez-en suffisamment au fond du tiroir afin qu'elles restent en place chaque fois que celui-ci est ouvert. Répétez pour les cravates, les foulards de soie, les ceintures, les bijoux, les mouchoirs, les soutiens-gorge, etc.

La penderie

Ouvrez les portes de la penderie, qu'elle soit minuscule ou gigantesque, et regardez-la. De quoi a-t-elle l'air? Est-ce un fouillis total ou est-elle bien rangée? Que contient-elle? Les vêtements de toutes les saisons, ceux quand vous pesiez cinq kilos de plus – ou de moins – ou uniquement ceux que vous portez présentement? Se pourrait-il qu'elle contienne des trésors dont vous ignorez la présence?

Si votre penderie déborde, il n'est pas nécessaire d'en construire une plus grande. Il s'agit plutôt d'évaluer ce que vous garderez et ce que vous jetterez.

N'avoir qu'une seule tringle d'un bout à l'autre du placard est une immense perte d'espace. Un bon système de rangement peut permettre de maximiser ce si précieux espace. Il se pourrait même que vous arriviez à vider une commode, ce qui augmentera l'aire de vie de votre chambre à coucher.

Suspendez vos robes, vos salopettes et vos manteaux longs sur une tringle haute. Placez deux tringles l'une par-dessus l'autre dans une autre partie du placard. Vous suspendrez vestons, chandails, chemisiers et chemises sur celle du haut, alors que celle du bas recevra pantalons et jupes. Idéalement, les vêtements devraient être regroupés par catégories. Ajoutez des tablettes, des tiroirs ou des casiers qui recevront les pulls, les souliers, les cravates, etc. Les nombreuses paires de chaussures seront placées l'une derrière l'autre

plutôt que l'une à côté de l'autre. Ce qui vous permettra de repérer facilement la paire convoitée puisqu'elle sera immédiatement dans votre champ
de vision. Les quincailleries, les magasins à grande surface et les boutiques
spécialisées proposent une vaste gamme de différents systèmes de rangement faciles à installer.

Passons maintenant au contenu du placard. La première étape consiste
encore une fois à faire un grand ménage. Prévoyez un moment où vous vous
y consacrerez et refusez d'être dérangé. N'achetez rien avant d'avoir d'abord
fait un élagage complet.

Classez d'abord vos tenues. Placez les chemisiers ensemble, les pantalons et les robes aussi. Vous ferez ainsi un survol rapide de ce que vous
possédez tout en évaluant le nombre de vêtements dans chacune des catégories.

Ensuite, triez. Demandez-vous : « Ai-je porté ce morceau au moins deux
fois dans la dernière année ? » Si la réponse est non, éliminez-le. Il a dormi trop
longtemps dans votre placard. Avez-vous des doublons ou des semblables ?
Si vous voulez acheter une nouvelle jupe, éliminez une ou deux des quatre
jupes noires que vous possédez déjà. Donnez ces vêtements à un organisme
de charité ou à des amis. Les personnes qui les dénicheront dans les bazars
seront très reconnaissantes.

Avez-vous des vêtements neufs, jamais lavés, jamais portés qui arborent
encore leur étiquette ? Pourquoi ? Ils sont trop petits, trop grands ? Ils ont un
défaut ? Le vêtement ne vous va pas aussi bien qu'au magasin ? L'aviez-vous
tout simplement oublié, perdu au fond du placard ? La couleur vous déplaît ?
Ces questions vous aideront assurément à comprendre le genre de consom-
mateur que vous êtes et vous aideront à ne pas répéter les mêmes erreurs.
Il ne devrait jamais y avoir de vêtements portant des étiquettes dans votre
garde-robe. Quand vous arrivez à la maison avec un nouveau vêtement,
coupez les étiquettes et mettez-le au lavage. Si vous n'êtes pas certain de
votre achat, laissez-le à la vue. Il vous rappellera de le réessayer avant que
la date de retour soit passée ou de le porter avant de l'oublier au fond de
la penderie.

Les vêtements trop petits devraient être éliminés. Oubliez les en-cas.
Quant aux vêtements trop grands, vous les retouchez ou vous vous en débar-
rassez. Si vous choisissez de les retoucher, soyez réaliste. Les laisserez-vous
traîner sur la machine à coudre pendant des mois ? Attendront-ils patiem-
ment sur le pas de la porte que quelqu'un les apporte à la couturière l'année

prochaine? Organisez votre emploi du temps de façon à ne pas déplacer votre problème.

Voilà! Le premier tri est fait. Regardez ce qu'il vous reste et analysez vos besoins. LA question à se poser : en ai-je besoin? On peut en avoir envie, mais en a-t-on besoin? Et en a-t-on *vraiment* besoin? Ces questions permettent de faire des achats responsables et réfléchis. Elles évitent la surconsommation. Est-il vraiment nécessaire de garder trois ensembles de vieux vêtements pour faire de la peinture, alors que vous peignez votre balcon une fois par année? Allez-vous vraiment porter ce pull pelucheux? Vaut-il vraiment la peine de garder cette robe de plage achetée lors de votre voyage dans le Sud au début des années 1980? Procédez ainsi avec tous les vêtements. Vous devriez diminuer le contenu de la penderie et ne conserver que des vêtements qui vous serviront vraiment.

La trousse de secours

La trousse de secours devrait toujours être à portée de la main. La trousse peut être un contenant de plastique ou des éléments regroupés sur une tablette de la salle de bains. Une trousse ou un contenant facilite le transport des objets nécessaires s'il survient un accident à l'extérieur de la maison et qu'on ne peut déplacer la victime. Le regroupement du contenu est absolument primordial, car dans des accidents graves, chaque minute compte. Il serait insensé d'avoir à chercher des bandages dans la salle de bains du sous-sol et d'autres dans la salle d'eau du rez-de-chaussée.

Chaque membre de la famille doit savoir où est ladite trousse, même les jeunes enfants. Dans une situation d'urgence, ils pourront aller chercher la trousse pendant que vous resterez auprès de la victime. Mettez le contenu sous clé si vos enfants sont très jeunes.

Il existe sur le marché des trousses déjà toutes préparées contenant plus ou moins d'éléments différents. Pour la maison ou un lieu très fréquenté comme le chalet, une trousse très complète est absolument nécessaire. Regroupez tous les objets dans une seule trousse et non dans plusieurs.

Pour une randonnée d'une heure à vélo, par exemple, privilégiez une mini-trousse (voir le chapitre 3 pour le contenu).

La trousse devrait contenir au minimum les produits suivants. Comparez cette liste avec la liste de la boîte de la trousse en vente ou avec ce que vous avez déjà à la maison. Au besoin, complétez-la. (Voir la liste à la page suivante.)

✔ gants multi-usages de latex
✔ compresses de gaze stérile (2 pouces X 2 pouces)
✔ bobine de bandage de gaze (2 et 4 pouces)
✔ tampon oculaire
✔ serviettes hygiéniques emballées individuellement
   (excellentes comme compresses lorsque l'hémorragie est abondante)
✔ ruban adhésif imperméable
✔ ciseaux à bandage
✔ boules ou tampons de coton
✔ rasoir de sûreté
✔ lame de rasoir
✔ bandages triangulaires
✔ masque pour bouche-à-bouche
✔ épingles de sûreté de différentes grosseurs
✔ cotons-tiges
✔ bandage élastique (2, 3, 4 et 6 pouces – 3 pouces sert pour
   la plupart des usages)
✔ abaisse-langue
✔ pince à épiler
✔ onguent antiseptique
✔ lotion à la calamine
✔ pansements de différentes tailles (à jointures, pour les doigts, ordinaires)
✔ pansements de rapprochement
✔ savon
✔ bloc-notes et crayon (pour noter les signes vitaux avant l'arrivée
   des ambulanciers)
✔ numéros de téléphone importants (centre antipoison, police,
   ambulance, etc.)

@dresses utiles

Avon

www.avon.ca

La compagnie Avon offre des organitouts et des plats et contenants de rangement de toutes sortes.

Canadian Tire

www.canadiantire.ca

Cette entreprise bien de chez nous propose une panoplie d'outils de tous genres pour mieux s'organiser (organisateurs de placard, paniers variés, tablettes et crochets, etc.), Même si le site est très complet, passez tout de même au magasin le plus près et errez dans les allées. Cela vous inspirera…

Home Depot

www.homedepot.ca

Que ce soit pour l'organisation de la penderie, du garage ou du sous-sol, le site de Home Depot vous offre de multiples possibilités. De plus, il vous est possible de magasiner par marque, par catégorie ou selon le prix.

Rona

www.rona.ca

Le site de Rona permet d'acheter des articles et de passer les prendre ensuite au magasin ou encore de les faire livrer à votre domicile.

L'organisation au travail

Vous travaillez à temps plein ou à temps partiel? Peu importe. Vous passez plusieurs heures par semaine sur votre lieu de travail. Ce qui signifie que votre lieu de travail doit être bien organisé afin de maximiser vos efforts, mais surtout que vous vous y sentiez bien. Gérer son travail adéquatement, c'est contrôler son travail.

L'agenda

L'agenda électronique, de papier ou informatique est l'outil idéal pour une vie au travail mieux organisée. Comment organiser une journée de travail si vous avez une idée approximative de vos réunions ou de vos rendez-vous?

Votre agenda devra être facile d'accès en tout temps. S'il est de papier, assurez-vous que votre écriture soit lisible. Privilégiez un agenda dont vous pouvez déchirer les coins perforés à la fin de la journée, ce qui en facilitera le repérage. N'utilisez pas un babillard chargé de toutes sortes de petits mémos ni ne truffez votre agenda de notes autocollantes. Même si ces petits papiers ont un certain ordre, il est facile d'en égarer un. Et comment transporter un babillard? Réservez plutôt un espace à l'agenda pour ajouter des informations ou encore utilisez un code de couleur pour les différentes situations. Peu importe que vous ayez un agenda papier ou informatique, il existe bien des couleurs pour personnaliser votre méthode de travail.

L'agenda ne sert pas uniquement à noter vos réunions et vos rendez-vous, mais aussi à y inscrire du temps pour les projets de travail. Par exemple: 8h à 10h30 – projet construction immeuble M. Jobidon. Ainsi, vous réserverez des plages horaires pour votre travail personnel. Faites comme si vous étiez en réunion, refusez d'être dérangé et voyez votre productivité augmenter (voir la section Les grignoteurs de temps – les collègues). Prévoyez du temps pour vos déplacements à l'extérieur du bureau et inscrivez-les à votre agenda.

Doit-on noter les activités familiales dans l'agenda du bureau? Oui et non. Cela dépend du moment de l'activité concernée. Par exemple, il vaudrait mieux noter qu'il faut aller prendre le petit à la garderie ce mercredi si vous ne voulez pas l'oublier ou encore si vous ne voulez pas, par mégarde, prendre un rendez-vous ce jour-là. Les activités familiales se déroulent en dehors des heures de travail, il n'est donc pas nécessaire de les inscrire à l'agenda. Par contre, si un rendez-vous de travail devait se prolonger, il faut l'écrire sur le calendrier familial de la maison, de sorte que votre conjoint et vos enfants sauront que vous rentrerez plus tard ce soir-là. Tout le monde pourra ainsi mieux s'organiser, et ce, dans le respect de chacun.

Le travail à partir de son domicile

Ça y est. Vous avez décidé de lancer votre entreprise et vous avez choisi votre domicile comme quartier général. Que ce soit un salon de coiffure, un bureau d'architectes ou une galerie d'art, il y a des règles de base à respecter.

D'abord, choisissez une pièce qui vous permettra de recevoir des clients tout en préservant l'intimité de votre foyer. Il n'y a rien de mal à faire passer vos clients par la porte arrière donnant un accès direct au sous-sol si le chemin est bien indiqué.

Tenez compte des bruits ambiants en choisissant la pièce de travail. Si vous faites une bruyante brassée de lavage en même temps que vous donnez un traitement de massothérapie à un client, il aura sans doute de la difficulté à se relaxer. Si votre type de commerce exige une ambiance calme, faites le nécessaire pour y parvenir.

À propos de tâches ménagères, il est tentant d'en effectuer plusieurs puisque le commerce est à la maison. Cela peut devenir un piège. Attribuez-vous trop de temps aux tâches autres que celles qui devraient être consacrées à votre emploi ? Il est parfois attirant de vider le lave-vaisselle ou d'épousseter au lieu de calculer les dépenses du mois passé. Il ne faut pas esquiver le travail à accomplir pour le commerce, sous prétexte qu'il y a des tâches à accomplir à la maison. Établissez un emploi du temps où vous ne vous permettez aucun travail associé à la maison. Quittez votre bureau trente minutes plus tôt s'il faut absolument terminer une certaine tâche ménagère, mais ne délaissez pas votre emploi trop régulièrement pour des choses qui ne seraient faites qu'au retour du bureau à dix-huit heures.

Le piège inverse se présente aussi. Il est souvent difficile de laisser le travail du commerce pour se consacrer à la famille et au foyer. Il est tendant de travailler jusqu'à vingt-trois heures puisque le chemin pour se rendre au lit n'est pas trop long à franchir. Par amour et respect pour les gens avec qui vous vivez et pour conserver un certain équilibre entre le travail, la famille et les loisirs, fixez un horaire qui permettra de vivre en dehors de la pièce qui sert de bureau et, surtout, respectez-le.

La première règle consiste à avoir un numéro de téléphone distinct de celui de la maison. Établissez les heures où vous répondrez aux appels et celles où la boîte vocale s'en chargera. Votre numéro personnel est réservé aux amis et parents.

Deuxième règle : accordez-vous des journées de repos dans la semaine ou la fin de semaine, jours pendant lesquels le seuil du bureau ne sera franchi sous aucun prétexte. Affichez cet emploi du temps sur la porte du bureau. La plupart des travailleurs ne retournent pas la fin de semaine au bureau pour vérifier si le travail s'est accumulé. Faites de même. Votre temps personnel est aussi précieux, sinon plus, que le travail.

Demandez à un ami ou à un membre de votre famille de vous rappeler à l'ordre si vous étiez tenté de franchir la limite entre la maison et le commerce (limite qui se résume bien souvent à une simple porte).

Travailler sur la route

Travailler sur la route exige des qualités semblables à celles que vous devriez posséder si vous travailliez dans un bureau : la ponctualité, l'entregent avec les clients, les responsabilités, etc. Par contre, cela exige en plus de devoir rester en contact avec le bureau, d'être prudent dans votre conduite automobile, de faire des réservations d'hôtel, d'être patient dans les embouteillages, de savoir bien s'orienter, etc.

Établissez des objectifs pour votre semaine ou votre voyage. Fixez et rédigez des priorités que vous conserverez dans un endroit accessible.

Ayez de bons outils de communication et d'organisation et utilisez-les de la bonne façon. À quoi sert un agenda électronique si vous ne savez comment enregistrer de nouveaux rendez-vous ?

N'oubliez pas de changer votre message d'accueil téléphonique qui mentionnera la date prévue du retour. Si possible, redirigez les gens vers un assistant qui pourra peut-être les aider. Ne prenez que les messages qui demandent une réponse immédiate.

Activez le message d'absence de votre messagerie de courriel et suggérez le meilleur moment pour vous joindre.

La voiture

Si votre voiture est votre principal lieu de travail, organisez-la comme le serait votre bureau. Gardez en ordre tout ce qui vous sert quotidiennement.

✔ Ayez une boîte de papiers mouchoirs à portée de main.

✔ Jetez vos déchets au fur et à mesure pour éviter que les gobelets de café ou les sacs de croustilles n'encombrent le plancher.

✔ Fixez bien votre système de navigation. Ayez des cartes au cas où la technologie ferait défaut.

✔ Installez une pince au tableau de bord à l'aide d'un velcro à double face qui recueillera les messages importants.

✔ Ayez des crayons et du papier près de vous. Privilégiez les crayons à mine en hiver, car l'encre des stylos tend à geler pendant la saison froide. Vous pourrez prendre des notes lorsque vous ferez le plein ou serez à un feu rouge. Ou encore utilisez un magnétophone.

✔ Faites nettoyer l'intérieur de votre véhicule régulièrement. La propreté aide à structurer les idées et incite au travail.

✔ Munissez-vous d'une boîte en plastique transparent avec couvercle dans laquelle vous déposerez votre matériel de travail. Cela évitera que des dossiers se retrouvent éparpillés dans le coffre ou que des éclaboussures de gadoue de votre balai à neige viennent souiller vos projets.

Si vous voyagez en train ou en autobus, procurez-vous les horaires afin d'éviter les retards. Faites fructifier ce temps libre. La classe affaires dans les trains offre le branchement à Internet, ce qui vous permettra de répondre à des courriels. Révisez un dossier ou terminez-en un autre. Si tout est prêt, relaxez- vous. Ça arrive si peu souvent pendant les heures de travail !

L'hôtel

Faites-vous plusieurs réservations d'hôtel ? Partez-vous toujours l'esprit en paix ou craignez-vous que la réceptionniste se soit trompée et de coucher à la belle étoile ? Voici quelques astuces.

✔ Demandez à la réceptionniste de confirmer les informations que vous venez de lui donner avant de raccrocher (votre adresse, le numéro de carte de crédit, les dates d'arrivée et de départ, les besoins spéciaux, etc.)

✔ Garantissez votre réservation en donnant votre numéro de carte de crédit à la réceptionniste. Notez votre numéro de réservation.

✔ Notez le nom de la personne avec qui vous êtes sur le point de conclure la réservation.

✔ Certains hôtels offrent des rabais sur certains services ou même des services gratuits tel un massage si vous payez avec une carte de crédit en particulier.

✔ Utilisez vos cartes de fidélité, qui vous donnent droit à certains privilèges ou rabais.

✔ Si, malgré tout, le personnel ne trouve pas votre réservation à votre arrivée et ne peut vous fournir une chambre, exigez que la première nuit dans un autre hôtel soit à leurs frais.

Au restaurant

Sur la route, on fréquente les restaurants. Certaines personnes apprécient, alors que d'autres trouvent cela difficile pour la ligne ou pour l'estomac. Voici quelques trucs :

✔ On ne le dit jamais assez le repas le plus copieux devrait être le déjeuner et le plus léger, le souper.

✔ Si vous êtes pressés au réveil, ne sautez pas le déjeuner. Faites livrer votre plateau à votre chambre et prenez une bouchée de temps en temps pendant que vous vous préparez. Autre solution : mangez un bagel et buvez un jus d'orange alors que vous vous déplacez sur la route. Bien sûr, cela est à éviter si vous devez rouler en ville, mais c'est concevable si vous empruntez l'autoroute.

✔ Si vous craignez les kilos, faites de l'exercice physique après le souper ou pendant l'heure du lunch. Pas besoin de vous rendre au gym. Une bonne paire de chaussures et des vêtements de saison suffiront à rendre n'importe quelle promenade au grand air agréable.

✔ Diminuez vos portions. Un dîner copieux vous sapera une grande quantité d'énergie pour la digestion et vous aurez une baisse d'enthousiasme au milieu de l'après-midi, sans compter les calories ingérées... Les petites portions sont d'autant plus indiquées si vous êtes assis tout le reste de la journée dans la voiture.

✔ Limitez votre consommation d'alcool. Si vos hôtes vous en offrent, acceptez mais en quantité raisonnable. L'alcool, en plus d'embrouiller les idées, vous fait perdre de la productivité, contient beaucoup de calories et n'est pas souhaitable si vous conduisez.

✔ De temps en temps, optez pour le bar à salade. Privilégiez la salade de légumes sans vinaigrette, arrosée de jus de citron. N'oubliez pas la portion de protéines (œuf, thon, fromage, poulet, etc.) qui vous procurera de l'énergie.

✔ Par temps chaud, achetez un repas froid préparé à l'épicerie et mangez à l'extérieur dans un parc avoisinant. Les rayons du soleil vous donneront assurément un regain d'énergie pour le reste de la journée.

Les temps libres

Pendant vos temps libres, pensez à ceux que vous aimez, en commençant par vous.

✔   Visitez l'endroit où vous vous trouvez.

✔   Si vous vous rendez régulièrement dans cette ville, essayez de vous y faire des amis. Votre milieu de travail peut être un bon départ.

✔   Faites du sport. En plusieurs endroits, on peut louer des bicyclettes, des patins à glace, des patins à roues alignées, des pédalos, des souliers de quilles, etc. Sinon, utilisez le gymnase de votre hôtel ou allez tout simplement vous promener.

✔   Allez voir un film, lisez un livre, visitez une galerie d'art, assistez à un spectacle, apprenez la langue de l'endroit visité, etc.

✔   N'oubliez pas de téléphoner à votre conjoint et à vos enfants pour leur raconter votre journée. Appelez un ami avec qui vous avez rarement le temps de discuter. Écrivez des courriels personnels juste pour dire bonjour. Achetez des souvenirs ou des petits présents à ceux qui vous tiennent à cœur. (Prévoyez de l'espace dans votre valise avant le départ, si nécessaire.)

Bref, travailler sur la route, que ce soit par choix ou par obligation, demande de l'adaptation. Découvrir les côtés positifs que cela peut vous apporter rendra votre travail plus agréable.

La ponctualité

Louis XIV a dit que la ponctualité est la politesse des rois. Le retard, que vous soyez patron ou employé, indique un manque flagrant de courtoisie et prouve aussi votre manque d'organisation.

Qu'entend-on par ponctualité ? Être ponctuel, c'est être toujours à l'heure. Selon la situation, arriver, au plus, cinq minutes en retard est acceptable. C'est le cas lorsque vous êtes invité chez des amis ou qu'ils vous attendent au restaurant. Par contre, s'il s'agit de vous présenter en entrevue, aucun retard n'est convenable. C'est un très mauvais préambule. Arrivez quinze minutes avant le rendez-vous, quitte à attendre dans votre voiture ou dans le hall de l'immeuble. À l'heure précise ou une minute avant, pas davantage, car cela pourrait traduire votre manque d'assurance, présentez-vous à la réception.

Êtes-vous rarement à l'heure ? Quelles en sont les causes ? Viennent-elles exclusivement de vous (difficulté de vous lever, trop de temps sous la douche, vêtements non repassés, etc.) ou sont-elles extérieures (le bambin qui refuse de s'habiller pour aller à la garderie, l'énorme tempête de neige qui a enseveli votre voiture, etc.)? Si c'est votre faute, ce sera plus facile à améliorer. Sinon, il faudra travailler de concert avec les membres de votre famille afin de trouver des solutions. Voici des trucs. Certains ont déjà été mentionnés dans des sections précédentes, mais les rappeler ne fera pas de tort.

Vous êtes la propre cause de vos retards :
- ✔ Levez-vous plus tôt d'autant de minutes que vos retards.
- ✔ Sortez et inspectez vos vêtements la veille.
- ✔ Préparez votre lunch immédiatement après le souper.
- ✔ Préparez votre sac (sac à dos, mallette, sac pour les courses, etc.) la veille.
- ✔ Laissez le poste de télé éteint.
- ✔ Évitez de vous perdre dans un article intéressant du journal. Écoutez plutôt la radio ou apportez le journal pour le lire dans l'autobus ou à votre pause-café.
- ✔ Préparez le nécessaire pour le déjeuner la veille. Programmez la cafetière, mettez la table, sortez vos vitamines ou vos médicaments, etc.
- ✔ Couchez-vous plus tôt de quelques minutes.
- ✔ Utilisez une montre munie d'une alarme qui sonnera à un moment stratégique (par exemple, lorsqu'il est temps de vous brosser les dents et d'enfiler le manteau).
- ✔ Rangez toujours vos objets essentiels au même endroit (clés, manteau, sac, etc.)
- ✔ Prévoyez du temps supplémentaire pour parer aux imprévus.

Des facteurs extérieurs influencent vos retards :
- ✔ Écoutez la météo afin de vous lever plus tôt si une tempête de neige s'annonce.
- ✔ Voyez s'il y a des routes bloquées qui occasionneront des détours ou des ralentissements.
- ✔ Couchez les enfants un peu plus tôt afin de les réveiller plus tôt.
- ✔ Interdisez la télévision le matin.
- ✔ Établissez un horaire pour l'utilisation de la salle de bains.
- ✔ Préparez le plus de choses possible la veille (vêtements des enfants, lunchs, table du déjeuner, etc.)
- ✔ Instaurez un système de récompenses pour vos plus jeunes enfants

afin de réduire les situations problématiques (ex. : Ludovic joue beaucoup avec sa nourriture au lieu de manger ou Esther fait une crise chaque fois qu'il faut s'habiller).

✔   Faites sonner une alarme qui indiquera aux membres de la famille qu'il ne reste que sept minutes (ou tout autre temps déterminé) avant l'heure du départ.

Plus vous chercherez à connaître les véritables causes de vos retards, plus vous serez armé pour les affronter et gagner la bataille de la ponctualité. Chaque petite minute compte. Ainsi, ce que vous pouvez faire la veille n'aura pas besoin d'être fait le matin même. De plus, chaque minute que vous économiserez le matin en éliminant des activités inutiles (tel que regarder les dessins animés à la télé) réduira considérablement votre stress à l'aube d'une journée nouvelle.

Les vêtements

Si votre uniforme de travail est fourni par l'entreprise, vous économisez un temps fou chaque jour, puisque vous n'avez pas à décider ce que vous allez porter le lendemain. Si, en plus, vous n'avez qu'à déposer votre uniforme sale dans le grand panier au vestiaire et qu'il revient propre dans votre casier, vous avez là une belle façon de vous aider à vous organiser et à sauver de précieuses minutes.

Ce n'est pas votre réalité ? Quelle est-elle donc ? Portez-vous un simple jeans et un t-shirt quotidiennement ou devez-vous choisir chemisier et tailleur ou chemise et complet ? La première option requiert peu de temps, alors que la seconde oblige soit à faire des détours chez le nettoyeur, soit à utiliser fréquemment le fer à repasser, soit les deux.

Peu importe ce que vous portez, sortez les vêtements la veille. N'attendez pas l'habituelle course folle du matin pour vous dandiner devant votre penderie et vous demander ce que vous porterez. Que de temps perdu ! Vous êtes incertain ? Mieux vaut l'être la veille. S'il le faut, consultez la météo prévue pour le lendemain. La seule saison au Québec où l'on sait d'avance comment s'habiller est l'hiver. Le reste de l'année, les prévisions vous aideront à choisir une chemise à manches courtes ou longues, entre la jupe et le pantalon. Profitez de vos journées de congé pour essayer des vêtements et pour réparer ou faire réparer ceux dont le rebord est défait ou dont il manque un bouton. Ce n'est pas le temps de sortir aiguille et fil à sept heures trente un lundi matin…

Le nettoyeur

Planifiez vos arrêts chez le nettoyeur en fonction de votre horaire et de votre lieu de travail. Il est plus facile d'aller chercher vos vêtements le midi chez le nettoyeur qui n'est qu'à un coin de rue du bureau. Privilégiez ceux qui sont ouverts en dehors de vos heures de travail. Vous pourrez y faire un saut à la fin de votre journée ou, encore, tôt le matin

Certains collègues utilisent les mêmes services que vous? Pourquoi ne pas créer un groupe où chacun visitera le nettoyeur à tour de rôle? Lucie attrape les vêtements de tous le premier lundi du mois et les rapporte au bureau. Carolyne fait de même le deuxième lundi et ainsi de suite.

Certains services de nettoyeur se déplacent dans les bureaux de différentes entreprises. Informez-vous!

Le déjeuner

Le déjeuner est sans conteste le repas le plus important de la journée. Votre corps a jeûné pendant six, sept, huit ou neuf heures. Il a besoin de carburant pour se remettre en marche et s'activer. Néanmoins, selon des entrevues réalisées tout au long de l'année 2004 par Statistique Canada auprès de 35 000 personnes, près de 10 % des gens interrogés ont avoué ne pas avoir déjeuné au cours des dernières 24 heures. De ce nombre, une personne sur cinq était un homme de 19 à 30 ans.

L'excuse la plus fréquente est le manque de temps. On ne déjeune pas parce qu'on se lève en retard ou parce qu'on a d'autres tâches plus importantes à accomplir. On a peut-être pris cette mauvaise habitude depuis des années et pourtant il est facile d'inclure le déjeuner avec un minimum d'organisation.

Nous l'avons déjà dit: préparez des choses d'avance la veille, avant le coucher ou tout de suite après le souper. Programmez votre cafetière, sortez votre sachet de tisane et la bouilloire, mettez les boîtes de céréales, le miel, les bols, les tasses, les ustensiles, le pain, les bagels ou le sac de gruau sur le comptoir ou la table. Placez vos vitamines ou vos médicaments près de votre verre. Bref, faites les gestes du matin la veille.

S'il faut vingt minutes pour déjeuner, réglez votre réveille-matin vingt minutes plus tôt. N'ayez crainte, le temps de sommeil «perdu» sera aisément récupéré par l'énergie fournie par votre déjeuner.

Si vous ne pouvez pas déjeuner à la maison, au pire, mangez sur la route. En voiture, en autobus ou en métro, un simple jus d'orange et quelques rôties seront tout de même mieux que rien du tout. Certains, pour éviter l'heure de pointe, partent plus tôt de la maison et déjeunent une fois rendus au travail ou dans un petit restaurant tout près. Cela est une excellente solution. À vous de choisir mais, de grâce, mettez quelque chose dans votre estomac au lever pour éviter les fringales du milieu de l'avant-midi qui ne sont souvent comblées que par des muffins ou des beignets gras, lesquels – c'est un cercle vicieux – vous priveront d'énergie.

Les grignoteurs de temps

À la fin de la journée, vous dites-vous : « Il me semble que je n'ai pas fait grand-chose aujourd'hui » ? Le faites-vous souvent ? Avez-vous l'impression de ne jamais pouvoir terminer un dossier sans devoir y consacrer des heures supplémentaires les soirs et fins de semaine ? Êtes-vous continuellement essoufflé par votre boulot ? Devez-vous souvent réduire votre pause-dîner pour terminer vos tâches ? Si vous répondez oui à l'une ou à plusieurs de ces questions, vous êtes peut-être victime des *grignoteurs de temps*.

Que sont les grignoteurs de temps ? Ce sont toutes les petites choses du quotidien qui semblent anodines mais qui, mises ensemble, deviennent une grosse perte de temps.

Le travail vague

Avez-vous dressé une liste des priorités de votre journée ou faites-vous ce qui vous tombe sous la main ? Avez-vous instauré une routine dans votre travail ? Si vous recevez un appel, y répondez-vous immédiatement quitte à mettre de côté un projet pour répondre à cette *urgence* qui ne vous demandera peut-être que quinze minutes ? Ne pas planifier son travail au quotidien revient à planifier des pertes de temps. En effet, la planification aide à se concentrer sur le travail à faire et nous procure un sentiment d'accomplissement quand nous terminons les activités prévues. La planification permet aussi une vue globale des tâches à accomplir et permet de mettre en perspective le travail qui attend.

Par ailleurs, une routine apporte de l'ordre. Si, par exemple, vous devez effectuer régulièrement certaines tâches administratives, y consacrer une journée particulière dans la semaine vous permettra de savoir rapidement ce qui vous attend ce jour-là. De plus, cette routine vous assurera que le travail sera fait.

La veille, environ vingt minutes avant de terminer votre journée, voyez les priorités du lendemain (rendez-vous, projets, réunions, appels téléphoniques, suivis, préparatifs, etc.). Inscrivez-les à votre agenda (voir plus haut). Remplissez les tâches les plus difficiles ou déplaisantes d'abord, alors que vous êtes plus alerte et pour éviter qu'elles ne vous tracassent. N'oubliez pas de bloquer le temps nécessaire pour vous déplacer hors de votre lieu de travail. Déléguez certaines tâches si possible. Soyez précis mais flexible et acceptez que les choses soient faites différemment.

Prévoyez du temps pour parer aux imprévus. Planifiez des pauses pour refaire le plein d'énergie puisque la concentration diminue après une heure de travail. Faites quelques pas, prenez un verre de jus ou d'eau ou allez regarder à la fenêtre. Ces pauses fréquentes vous aideront à maintenir votre entrain. Soyez réaliste. Vous avez probablement plus de travail qui vous attend que de temps disponible. Ne surchargez pas votre horaire, car vous risquez d'arriver à la fin de la journée découragé et fatigué. Si vous terminez avant, vous trouverez sûrement autre chose à faire ! À votre arrivée au travail, consultez votre liste de priorités et voyez à faire des modifications. À la mi-temps de votre quart de travail, évaluez à nouveau votre planification et faites les ajustements nécessaires. Refusez d'être dérangé pendant ces périodes de temps. Planifiez à plus long terme (dans trois jours, la semaine prochaine) afin d'éviter les courses de dernière minute.

Les collègues

Certaines personnes n'ont pas assez de tact et de respect pour remarquer que vous êtes occupé et ne désirez pas être dérangé. Vous voulez travailler, mais eux ont apparemment besoin de vous immédiatement. Sans que vous le vouliez vraiment, votre environnement de travail est peut-être une invitation pour ce genre de personnes.

Lorsque vous désirez travailler sans être dérangé, il vous faut le signaler. Fermez la porte et les stores des fenêtres donnant sur le corridor. Ensuite, comme dans les hôtels, installez-y une affichette «Ne pas déranger». Ce message peut très bien se transformer selon votre sens de l'humour (et celui de vos patrons !) en «En conférence avec un extraterrestre». Par ailleurs, si votre bureau est à aire ouverte, vous pourriez coller le même genre de message au dossier de votre chaise ou sur le babillard devant vous. Votre affichette sera plus visible sur un carton de couleur. Vous pourrez rester concentré, puisque vous n'aurez même pas à lever les yeux ou à ouvrir la bouche. Et si un collègue ne remarque pas votre message, montrez votre affichette. Vous pourriez ajouter une autre affiche qui mentionne «Mon adresse de courriel est…», «De retour dans trente minutes» ou «De retour à 14h45». Cela permettra aux gens de savoir quand vous contacter.

Saviez-vous que la socialisation avec les collègues représente 20% de temps perdu au cours des heures de travail? Il importe de socialiser avec vos collègues de travail. Cela crée une meilleure ambiance et rend plus productif, puisque vous aurez un plus grand sentiment d'appartenance et de meilleures relations avec eux. Encore faut-il ne pas socialiser à outrance. Pourquoi ne pas réserver votre temps de pause ou de lunch pour discuter de choses personnelles?

Respectez ceux qui veulent travailler sans être dérangés. Avant d'envahir le bureau d'un collègue, demandez-lui si le moment est bon pour discuter. Si non, informez-vous du meilleur moment pour le faire. Vous verrez à quel point le respect engendre le respect.

Les pauses qui s'allongent

Limitez le temps de vos pauses. Certaines personnes seront captivées par le récit d'un collègue et ne remarqueront peut-être pas que de quinze minutes, la pause est passée à trente minutes. Sortir pour fumer une cigarette allonge aussi les pauses. En ajoutant ainsi quinze minutes le matin et l'après-midi, vous avez perdu cinq heures à la fin de la semaine. Soit l'équivalent d'une demi-journée de travail! Voilà peut-être où s'en va une partie de vos minutes si importantes. Si vous perdez la notion du temps, faites sonner l'alarme de votre montre après quatorze minutes. Cela vous donnera juste assez de temps pour vous excuser auprès de votre interlocuteur et l'inviter à continuer sa passionnante histoire à l'heure du lunch ou à la pause suivante…

L'ordinateur

Naviguer sur Internet pour des raisons personnelles représente 55% de la perte de temps sur les heures de travail[*]. Ce qui représente environ une heure trente par jour, donc sept heures trente par semaine (presque une journée de travail!) De même, la lecture de courriels personnels ou des pourriels ou spams accapare une autre grande partie de notre temps.

D'abord, créez deux adresses électroniques distinctes: une pour le travail et l'autre pour vos messages personnels. Bien sûr, vous n'ouvrirez que celle

---

[*] Ibid.

pour le travail au travail. Vous lirez vos messages personnels à l'heure du lunch ou à la maison.

Avisez vos amis que vous ne voulez plus de ces messages si mignons et de ces pétitions à signer. De toute façon, comment savoir si la ixième pétition que avez signée (après avoir passé quelques minutes à la lire) pour sauver la planète se rendra bien à l'organisme censé s'en occuper? Et les fameuses chaînes de lettres vous apportent-elles vraiment le bonheur si vous les renvoyez religieusement à tous vos contacts? Vous constaterez combien vous gagnez du temps si ce genre de messages ne se retrouvent plus dans votre boîte de courrier.

Troisièmement, ne divulguez votre adresse de courriel qu'en cas de nécessité ou avec parcimonie. Plusieurs entreprises veulent surtout vous faire parvenir des promotions ou vous tenir au courant de leurs nouveautés ou encore l'échanger avec d'autres entreprises. Vous serez alors inondé de publicité.

Si toutefois vous étiez encore inondé de spams et autres pourriels, votre logiciel de courriels vous permet de créer des dossiers de «courriers indésirables». Cela vous prendra peut-être quelques minutes pour choisir les adresses qui iront directement à la poubelle, mais à la longue cela vous égargnera un temps énorme.

Fixez-vous des objectifs clairs lorsque vous effectuez une recherche sur le Web. Apprenez à faire des recherches efficaces. Plusieurs entreprises offrent des formations. Cela peut être très pratique!

Les retards

Arriver cinq minutes en retard chaque matin, «ce n'est pas la fin du monde!» diront certains. C'est vrai. Arriver cinq minutes en retard après le lunch, ce n'est pas si grave non plus. Bon. Répétez ce manège chaque jour pendant cinquante semaines de travail par année et vous aurez accumulé presque quarante-deux heures de retard, soit l'équivalent d'une semaine de travail. Pas la fin du monde, disiez-vous?

Rêvasser

Rêvasser occupe, bien malgré elles, une bonne partie de la journée de certaines personnes. Rêvasser permet d'évacuer le stress, de stimuler notre imaginaire, de trouver des solutions, etc. Par contre, pendant ce temps, notre travail s'empile.

Le petit Robert définit ainsi le verbe rêvasser : «penser vaguement à des sujets imprécis, changeants, s'abandonner à une rêverie (cf. Être dans les nuages)». Comme tout est vague et imprécis, cela sert peu votre travail.

Êtes-vous un rêvasseur? Allouez un espace dans votre agenda pour noter chaque fois que vous rêvassez ou qu'un collègue vous le mentionnera. Faites le total en fin de journée. Refaites l'exercice pendant au moins une semaine puis comparez. Normalement, il devrait y avoir une amélioration. Juste le fait de le prendre en note vous fait prendre conscience du problème et la fréquence diminuera.

Si malgré tout vous rêvassez encore trop souvent, essayez ce truc : Placez un élastique autour de votre poignet (à gauche si vous êtes droitier et vice versa). Chaque fois que vous rêvasserez, étirez l'élastique. Demandez à vos collègue de faire de même s'ils vous surprennent en train de rêvasser. Diminution du temps de rêvasserie garanti.

Le travail personnel

Tout le temps passé à faire des choses personnelles (recherche, appels, courriels, lecture, etc.) accapare une grande partie de la journée et vous empêche de travailler. Demandez-vous si vous avez fait des choses non reliées au travail et additionnez ces minutes. Vous pourriez être surpris.

Les autres causes

Si les grignoteurs ne vous envahissent pas, mais que vous ne parvenez tout de même pas à vivre dans un environnement de travail relaxant, cherchez d'autres causes.

Vos dossiers dépassent-ils vos compétences? Si oui, ils vous obligent peut-être à faire des recherches longues et fastidieuses pour en venir à bout. Acceptez vos limites et voyez avec vos supérieurs s'il n'y aurait pas lieu de travailler en équipe sur certains projets ou de confier quelques dossiers à d'autres personnes.

Votre bureau est-il bien organisé et vos dossiers classés? Perdez-vous des heures à chercher des dossiers ou l'agrafeuse? Faites un petit ménage chaque jour ou un plus gros aux deux semaines.

Avez-vous trop de dossiers? Si votre patron désire vous confier une nouvelle tâche alors que vous êtes déjà débordé, montrez-lui votre emploi du temps et laissez-le choisir. Devez-vous vous occuper de tout et de rien? Consultez votre contrat d'embauche et voyez si ces tâches vous étaient d'abord destinées. Au fil des mois et des ans, certains patrons peuvent ensevelir de travail ceux qui ne savent pas imposer leurs limites. Demandez une rencontre avec votre supérieur immédiat pour lui faire part de vos nouvelles limites ou tout simplement pour lui rappeler que les tâches x, y et z ne vous reviennent pas. Cela demande parfois beaucoup de courage, mais le résultat vaut l'effort, sans compter que vous gagnerez plus de respect de votre supérieur.

Avez-vous des limitations physiques qui ralentissent votre travail? Les tendinites aux poignets vous empêchent-elles de taper aussi vite qu'avant? Le rhume des foins vous donne-t-il des maux de tête atroces? Qu'en est-il de vos maux de dos? Auriez-vous besoin d'un nouvel examen de la vue? Tous ces petits ou gros bobos diminuent vos capacités au travail. Soignez-vous! Voyez votre médecin, faites de la physiothérapie si nécessaire, prenez les bons médicaments ou même, prenez une journée de congé pour vous remettre de cette bronchite qui traîne. Vous reviendrez au travail encore plus vivifié et productif et vos collègues ne risqueront plus d'attraper vos virus. Un état de santé qui n'est pas optimal influence votre rendement au travail. Pensez à vous! Prenez soin de vous, sinon qui le fera?

L'environnement

Un bel et un bon environnement de travail est grandement plus relaxant, stimulant, productif, dynamisant et agréable qu'un environnement dans lequel les acteurs ne sont pas heureux.

L'environnement physique

Quelle couleur orne les murs? À quoi sert cette pièce? Est-ce un bureau où vous devez créer et inventer toutes sortes de choses? Ou une pièce appelant au calme telle une salle de massothérapie?

De façon générale, les couleurs froides, comme le bleu, aident à se détendre, alors que les couleurs chaudes (pensez à un jaune soleil) sont plutôt stimulantes. S'il est impossible de repeindre les murs et que vous êtes condamné à endurer ce gris délavé ou ce blanc impersonnel, ajoutez des articles de décoration. Un simple porte-crayons, un repose-poignets, une chaise ou le cadre avec la photo des êtres aimés, tous ces objets ajouteront une note personnelle à un environnement neutre.

Certains aiment la musique d'ambiance ou la radio en bruit de fond, alors que d'autres ont besoin de calme complet. Pouvez-vous mettre vos désirs à exécution? Demandez à vos collègues s'ils apprécient le même style musical que vous ou s'ils ont besoin eux aussi de calme. Cherchez un compromis si nécessaire.

Un endroit surchauffé vous rendra amorphe, alors que vous tenterez de vous réchauffer dans une pièce glaciale. La température agréable avoisine les 20 °C. Munissez-vous d'une chaufferette en hiver ou d'un ventilateur en été, si nécessaire. Si cela est possible, ouvrez régulièrement les fenêtres pour faire circuler l'air, et ce, même pendant la saison froide.

Les endroits climatisés sont très appréciés par la plupart des gens, sauf qu'ils projettent parfois un courant frisquet sur les épaules. Apportez un chandail au bureau. L'autre désavantage, c'est qu'on ne peut pas ouvrir les fenêtres. Si votre espace de travail est ensoleillé, ajoutez des plantes. Elles régénéreront l'air tout en apportant un élément naturel décoratif et apaisant. Arrosez-les régulièrement afin qu'elles conservent leur beau feuillage. Quoi de plus déprimant qu'une plante qui est en train de mourir ! En votre absence, demandez à un collègue de les arroser, ou placez-les dans un pot muni d'un réservoir pour l'eau.

Notre nez rencontre des milliers de parfums divers (bons ou mauvais) quotidiennement. Utilisez le parfum ou l'eau de toilette avec parcimonie, surtout si vous travaillez dans un espace restreint ou avec d'autres personnes. Il est possible que vous jugiez que la quantité de parfum employée est adéquate alors que les gens qui vous côtoient pensent tout le contraire. Demandez à une personne de confiance de vous dire réellement et honnêtement la vérité. Choisissez une personne qui ne vit pas avec vous et qui serait trop désensibilisée par votre odeur. Pourquoi ne pas ajouter des odeurs qui vous stimuleront ou vous relaxeront ? Le marché regorge de diffuseurs de toutes sortes offrant des fragrances variées. N'en abusez pas et, encore une fois, consultez les collègues.

Votre environnement de travail devrait comprendre des éléments personnels telles une photo du conjoint et des enfants ou petits-enfants ou encore une horloge, cadeau de votre meilleure amie. Ces petites choses vous réconforteront les mauvais jours ou vous rappelleront de rentrer à la maison au lieu de passer une autre interminable soirée au bureau. Elles nous aident à établir un meilleur équilibre entre le travail et la vie familiale.

Ajoutez des objets ou des photos vous rappelant vos rêves ou objectifs. Pourquoi travaillez-vous ? Pour payer le loyer et vous nourrir, bien sûr. Au-delà du quotidien, quels sont vos rêves ? Un voyage au soleil pendant les vacances des Fêtes ? Construire un chalet en bordure d'un lac ? Acquérir une nouvelle voiture ? Travailler à temps partiel dans cinq ans ? Collez une représentation de votre rêve dans la porte de votre casier ou mettez-la bien en vue sur votre babillard. Une fois de plus, ces objectifs vous aideront à persévérer les jours plus difficiles.

Finalement, changer les meubles de place ou la couleur (si possible) devrait vous stimuler et, par le fait même, augmenter votre productivité et votre efficacité.

L'environnement humain

Une équipe de travail dynamique et valorisante permet de se sentir bien au bureau. À l'inverse, une équipe de travail trop compétitive qui nous met toujours sur nos gardes n'apporte que méfiance et amertume. À défaut de pouvoir changer collègues et patrons, on peut tenter de s'en accommoder.

Il y a des gens avec qui l'on s'entend bien pour diverses raisons. Quelles sont ces raisons ? Les réponses vous permettront de définir votre propre personnalité. Par exemple, si vous voyez que vous êtes bien en compagnie de Pauline parce qu'elle vous complimente fréquemment et sincèrement sur votre travail, vous avez sans doute besoin de valorisation verbale. De même, la compagnie de Normand sur la route est appréciée parce que vous discutez de motocyclettes, sujet qui vous passionne tous les deux. Cela vous permet de vous évader du stress du travail.

Faites le même exercice avec les gens que vous appréciez moins. Ce petit jeu sera aussi très révélateur de votre personnalité. Par exemple, Julie passe invariablement des commentaires désobligeants sur d'autres collègues lorsque vous êtes seul avec elle et vu votre franchise, cela vous met mal à l'aise. Ou, encore, Frédéric gruge au moins trente minutes de votre précieux temps à vous raconter ses conquêtes de la fin de semaine et cela ne vous intéresse absolument pas.

Reportez ces informations dans un tableau. Ce qui donnera ceci :

Nom	Ce que j'aime ou pas de cette personne	Ce que cela m'apprend sur moi
Julie	Passe des commentaires désobligeants	Je suis franc et n'aime pas médire des autres
Normand	Partage ma passion pour les motos	J'ai besoin de quelque chose pour m'évader du stress du travail

Ensuite, instaurez un plan d'attaque. Comment éviter ceux qui vous dérangent ou que leur dire afin de changer la situation ? Montrez à ceux que vous appréciez que vous les appréciez justement. Ce temps passé à organiser votre environnement de travail vous sera vite rendu par un environnement plus harmonieux et, par conséquent, plus productif.

Voici une première idée pour faire face à celui qui passe sans cesse des commentaires désobligeants.

Demandez-lui :

1- Ce que tu as à me dire est-il véridique ?

2- La personne concernée est-elle au courant que tu vas me dire ceci ?

3- Est-ce une information utile ?

4- Est-ce que cela fait du bien ?

5- Est-ce pertinent de connaître ce détail ?

Si l'une des réponses est « non », demandez alors à la personne de ne pas continuer puisque cela n'apportera rien de constructif. Éloignez-vous (elle sera probablement partie avant) et par ces petits pas, voyez l'harmonie revenir dans votre lieu de travail. S'il vous est impossible de poser ces questions, éloignez-vous de la personne au moment où elle tente de vous « faire ces confidences ». Sans spectateur, comment peut-elle agir ?

Et maintenant, afin de voir une nouvelle énergie envahir votre environnement de travail, voyez comment vous pourriez communiquer votre message à ceux que vous appréciez. Achetez un croissant à votre collègue, dites-lui simplement que vous appréciez sa ou son (ajoutez ici une qualité), invitez-le à manger, offrez-lui des biscuits maison, envoyez-lui un courriel, félicitez-le au moment de la réalisation d'un nouveau projet, avec l'approbation de vos patrons, montez un tableau d'honneur à la salle de pause pour souligner les bons coups de chacun, etc.

Le bureau

Comme nous venons de le voir, un bon environnement est un meilleur gage de bonheur au travail. Notre bureau n'y échappe pas.

Pour stimuler vos idées et votre productivité, votre bureau doit être rangé et confortable. Si possible, cachez le câblage de l'ordinateur et des lampes d'appoint. Employez des rangements que vous laisserez à portée de main. Utilisez des paniers pour vos trombones, des casiers pour votre papeterie, des plateaux pour les dossiers du jour, des classeurs pour les autres dossiers, etc. Chaque heure, effectuez un mini ménage de votre surface de travail. La surface de votre bureau devrait être visible. Délimitez des zones de travail sur votre bureau : le téléphone, l'ordinateur, les archives, etc. Assurez-vous d'avoir des sources d'éclairage suffisantes et variées. Procurez-vous une chaise confortable munie d'un dossier avec ajustement dorsal et de roulettes. Recherchez des matières au contact agréable. Comme le temps est important au travail, placez une horloge murale ou de bureau de façon à voir l'heure. Tout l'équipement utilisé fréquemment devrait être à portée de main. Attention à l'ergonomie pour éviter les petits bobos des bras, du cou ou du dos, entre autres.

Faites de votre bureau un deuxième foyer. Gardez-y certains produits : crème à mains, dentifrice et brosse à dents, tasse à café (plutôt que les verres en styromousse), quelques collations non périssables pour les fringales (barres granola, tisanes, craquelins).

Bref, il s'agit de vous sentir bien.

La paperasse

La paperasse peut être une peccadille ou être envahissante. Pourtant, il n'y a que cinq choses à faire avec la paperasse. Pour le document que vous avez entre les mains, jugez de sa situation. Il :

1- peut être utilisé maintenant ;
2- peut être archivé ;
3- peut être envoyé ou délégué à quelqu'un d'autre ;
4- peut être placé dans un classeur ou un séparateur « à faire » ou « à lire » dans le but d'en faire quelque chose plus tard* ;
5- peut être jeté, déchiqueté ou recyclé.

* Attention ! Pour un papier de la catégorie 4, on doit inscrire sur une liste maîtresse de choses à faire la tâche découlant de ce papier et ensuite le classer dans un séparateur vertical dans l'une ou l'autre des catégories suivantes :

✔ prendre action (tâches demandant plusieurs minutes),
✔ projets (ex. : chercher un nouvel ordinateur),
✔ à lire (s'allouer du temps de lecture ou encore lorsque nous devons attendre),
✔ à réviser ou discuter (ex. : événements auxquels participer ou non, produits à acheter ou non, etc.),
✔ finance (factures à payer, bons de commande à remplir, etc.),
✔ messages à retourner.

Le séparateur évitera qu'un dossier se retrouve au-dessous de la pile et soit oublié. De plus, il est beaucoup plus facile de prendre possession d'un document placé à la verticale.

Consultez votre liste maîtresse *à faire* au moment de votre planification du lendemain, tel qu'on l'a expliqué précédemment. Selon vos priorités, vous pigerez dans cette liste des actions que vous ajouterez à votre horaire de la journée.

Le classeur

Comme son nom l'indique, un classeur devrait servir à classer. Combien de classeurs voit-on au contenu pêle-mêle ? En principe, vous devriez y retrouver ce que vous cherchez en quelques secondes. Sinon, c'est que votre classeur a besoin de réorganisation.

Ce meuble précieux devrait contenir vos dossiers classés par ordre alphabétique ou numérique selon le type de commerce. Les onglets devraient se retrouver tous du même côté. Si nécessaire, utilisez des couleurs spécifiques pour un domaine particulier.

Les documents sont placés du plus récent sur le dessus au plus ancien au-dessous dans la chemise. Veillez à ne pas obstruer l'onglet lorsque vous glissez une nouvelle feuille dans une chemise.

Si un document est inutile, on le passe directement à la déchiqueteuse.

Une autre personne pourrait-elle comprendre votre classement ? Non ? Alors il faut tout de suite le réorganiser.

@dresse utile

Bureau en gros
www.bureauengros.com
Site proposant une multitude de
fournitures de bureau (articles,
meubles, technologie) pour mieux
organiser votre espace de travail.

L'organisation en voyage

《 Je m'en vais demain
Sans rien emporter
Je prends le chemin
De la liberté. »

Voyager comme dans cette chanson, *Je m'en vais demain*, de Gilbert Bécaud, serait bien plus facile. Aucun bagage, aucun papier.

Les Canadiens font plus de 100 millions de voyages à l'étranger chaque année, autant pour le plaisir que pour les affaires. Vous préparez un voyage ? Ce chapitre vous offrira trucs, renseignements et conseils pour mener à bien votre projet .

La maison

Pendant votre absence, la vie continuera. Les plantes de la maison continueront de pousser, de même que le gazon. La neige tombera et les voleurs viendront peut-être épier.

Planifier un voyage, c'est aussi penser à ce qui reste derrière. Voici donc une liste de choses à prévoir.

✔ D'abord, votre animal de compagnie. À qui confierez-vous votre compagnon ? Qui viendra nourrir vos hamsters ou vos poissons rouges ?

✔ Les plantes. Vous aurez besoin d'une personne de confiance pour les arroser à moins que vous ne préfériez les voir mourir.

✔ Ensuite, pour vous éviter des mauvaises surprises, coupez l'eau (et éteignez le chauffe-eau) et vidangez toutes les installations et tous les appareils. Un bris de tuyau peut survenir à n'importe quel moment, surtout en hiver. En règle générale, si vous n'avez pas pris ces précautions ou si vous êtes absent depuis plus de quatre jours consécutifs, vos biens ne sont plus assurés, à moins qu'une personne compétente vienne chaque jour s'assurer que le chauffage fonctionne. Lisez bien les petits caractères de votre police d'assurance habitation…

✔ Éliminez les risques d'incendie (débranchez les appareils électriques, inspectez vos calorifères, etc.).

✔ L'été, prévoyez la tonte du gazon si vous vous absentez plus d'une semaine, de même que l'entretien de votre piscine. Remontez l'échelle ou verrouillez la porte d'accès de la piscine creusée.

✔ En hiver, la neige accumulée sur le balcon et dans l'entrée peut inciter les voleurs à s'introduire dans votre domicile. Demandez à un voisin de venir faire quelques traces de pneus dans votre allée ou encore d'y garer sa propre voiture de temps à autre. La maison aura l'air un peu plus habitée.

✔ Si vous laissez un véhicule dans votre entrée, laissez vos clés à quelqu'un qui pourra venir le déplacer pour le déneigement en hiver. Il pourra aussi le stationner d'avant ou à reculons tout simplement pour décourager les âmes mal intentionnées.

✔ Assurez-vous d'avoir rangé ou à tout le moins cadenassé les échelles. Vérifiez que vos serrures et verrous sont en bon état. Faites en sorte que l'éclairage tout autour de la maison soit suffisant.

✔ Faites retenir votre courrier. Un coût minime pour un maximum de tranquillité.

✔ Suspendez la livraison du journal. Ou encore demandez à quelqu'un de venir le cueillir quotidiennement en même temps que les publicités et circulaires.

✔ Videz toutes les poubelles avant votre départ. Demandez à votre voisin ou à la personne qui vient arroser les plantes de les mettre au coin de la rue le jour de la collecte et de ramener votre bac roulant à la maison, le cas échéant.

✔ Videz le réfrigérateur. Certains produits se congèlent bien, comme le lait et le fromage.

✔ En hiver, par souci d'économie, abaissez le chauffage de quelques degrés. Si votre maison est chauffée au mazout, assurez-vous que le réservoir soit suffisamment plein pour suffire à la demande le temps de votre absence.

✔ Réglez les factures avant votre départ à moins d'être assuré que vous y aurez accès par Internet.

✔ Munissez certaines lampes d'une minuterie pour donner l'impression qu'il y a des gens dans la maison.

✔ Finalement, verrouillez les portes et les fenêtres avant de quitter votre résidence. Ajustez les stores, les toiles ou les rideaux de façon à ce qu'on ne voie pas tout l'intérieur de la maison sans toutefois les fermer complètement.

Toutes ces mesures sont plus facilement applicables lorsqu'une personne de confiance peut les assumer. Assurez-vous que vos exigences seront comprises, quitte à faire une liste. Et, surtout, rapportez un petit cadeau de remerciement de votre coin de paradis…

Les documents importants

Si vous voyagez à l'intérieur du Québec ou du Canada, vous n'aurez pas besoin de votre passeport. Si vous vous rendez à l'étranger, c'est une tout autre histoire.

Voici les principaux documents dont vous aurez probablement besoin.

Le ministère des Affaires étrangères et du Commerce international Canada publie une brochure intitulée Bon voyage, mais… qui regorge d'informations très intéressantes sur les services consulaires canadiens, les préparatifs avant le départ, les imprévus pendant le voyage et les lois à respecter au retour (voir la section Adresses utiles)

Procurez-vous un numéro d'accès de *Canada Direct* qui vous permettra de téléphoner à la maison ou ailleurs à partir de l'étranger sans passer par un intermédiaire local. En utilisant les réseaux de télécommunications canadiens, vous pouvez ainsi joindre rapidement un téléphoniste canadien et communiquer immédiatement en anglais ou en français ou en quatre autres langues. Le tarif interurbain canadien s'applique et non celui du pays où vous vous trouvez. De plus, votre facture sera en dollars canadiens. Il suffit de détenir une carte d'appel d'une des entreprises de télécommunications canadiennes reconnues (voir Adresses utiles).

Pour vous rendre à l'étranger, un passeport valide est nécessaire. Vérifiez la date d'expiration plusieurs semaines avant votre départ, car certains pays exigent que le passeport soit valide jusqu'à six mois après la date de retour. Le transporteur aérien peut vous refuser l'embarquement. Informez-vous auprès de l'ambassade ou du consulat du pays visité.

Par contre, si vous vous rendez aux États-Unis par voie terrestre ou maritime, le passeport n'est pas requis, bien qu'il puisse accélérer votre passage aux douanes. Depuis le 31 janvier 2008, vous devez présenter une pièce d'identité avec photo émise par un gouvernement (permis de conduire, par exemple) ET un certificat de naissance ou une carte de citoyenneté. Pour les personnes de moins de 18 ans, le certificat de naissance ou une carte de citoyenneté est nécessaire. Là aussi, il vaut mieux vérifier auprès du consulat américain, car les règles peuvent encore changer.

Les formulaires de demande de passeport (distincts pour adultes et enfants) sont disponibles dans tous les comptoirs postaux de Postes Canada, auprès d'un centre de Service Canada, de certains agents de voyages, dans les trente-trois bureaux régionaux de Passeport Canada et sur le site de Passeport Canada. Dans ce cas, il est possible de le remplir en ligne grâce au service Passeport en direct.

Prévoyez en moyenne 20 jours ouvrables suivant la réception de la demande si vous la postez ou utilisez un service de messageries, ou si vous faites affaire avec un Centre Service Canada participant; 15 jours ouvrables si vous déposez la demande à un bureau de poste participant (sans compter la journée du dépôt) ou 10 jours ouvrables si vous vous présentez en personne à un bureau des passeports. Sans compter le délai de traitement par la poste. Par contre, il arrive que ces délais ne puissent plus être respectés et qu'il faille attendre jusqu'à 10 semaines. Vérifiez sur le site de Passeport Canada. En cas d'urgence ou pour des motifs humanitaires, on peut obtenir un passeport plus rapidement. Il vous faudra alors prouver qu'il y a urgence et vous devrez vous présenter en personne à un bureau de Passeport Canada. Bien sûr, des frais supplémentaires seront exigés.

Deux photos de passeport identiques en noir et blanc ou en couleur, dont une authentifiée par votre répondant (prévoir du temps pour aller vous faire photographier et rencontrer votre répondant), doivent accompagner le formulaire dûment rempli. Ces photos devront avoir été prises par un photographe professionnel au cours des 12 derniers mois. Depuis le 1er octobre 2007, la définition de répondant a changé. Consultez le site de Passeport Canada pour connaître cette nouvelle politique.

Il faut également fournir une preuve originale de citoyenneté canadienne (certificat de naissance, certificat de citoyenneté, etc.). Prévoyez un délai supplémentaire pour l'obtenir. À défaut d'avoir les bons documents, le traitement de votre demande sera retardé.

Dans le cas d'une première demande

Les personnes nées au Canada doivent fournir :

✔ un Certificat de naissance canadien (délivré par la province ou le territoire de naissance) ou

✔ un Certificat de citoyenneté canadienne (voir Adresses utiles).

Les personnes nées hors du Canada doivent présenter :

✔ un Certificat de citoyenneté canadienne ou

✔ un Certificat de naturalisation au Canada ou

✔ une Déclaration de rétention de la citoyenneté canadienne ou

✔ un Certificat d'enregistrement d'une naissance à l'étranger.

On obtient un certificat de naissance auprès du registraire de l'état civil de sa province ou territoire de naissance.

Depuis le 26 novembre 2001, seules les pièces d'identité suivantes sont acceptées pour les personnes nées au Québec :

✔ un Certificat de naissance émis par le Directeur de l'état civil du Québec après le 1er janvier 1994. (voir Adresses utiles)

✔ un Certificat de citoyenneté.

Dans le but de confirmer l'identité des deux parents, Passeport Canada exige un certificat de naissance détaillé pour un enfant dont les parents ne sont pas mariés ou n'étaient pas mariés au moment de la naissance de l'enfant.

Les missions diplomatiques ou consulaires canadiennes à l'étranger fournissent également des formulaires si vous résidez à l'extérieur du Canada.

Une preuve complémentaire d'identité qui contient vos nom et signature est exigée (par exemple, un permis de conduire ou la carte d'assurance maladie). Si vous postez votre demande ou utilisez un service de messageries, vous pouvez y joindre cette carte, qui vous sera renvoyée en même temps que votre passeport. Vous ne voulez pas vous séparer de votre carte ? Présentez-vous en personne à un bureau de Passeport Canada, ou joignez une photocopie signée et datée par votre répondant de la carte à votre demande (voir Adresses utiles).

Renouvellement

Depuis le 15 août 2007, Passeport Canada a mis en place un processus de renouvellement simplifié. Si vous êtes déjà titulaire d'un passeport délivré après le 31 janvier 2002, que vous avez plus de 16 ans, que vous résidez présentement au Canada ou y résidiez au moment de la demande du passeport précédent, vous n'avez plus à soumettre une preuve de citoyenneté, d'identité, ni la déclaration du répondant . D'autres conditions s'appliquent, consultez le site Internet de Passeport Canada. (Voir Adresses utiles à la fin du chapitre.)

Le passeport est valide cinq ans à partir de la date d'émission, sauf pour les passeports d'enfants de moins de trois ans qui ne le sont que pour trois ans.

À la page suivante, un tableau indiquant les différents droits reliés à la demande de passeport faite au Canada (mars 2007) vous est présenté.

Document	Adultes	Enfants	
	16 ans et plus	Moins de 3 ans	3 à 15 ans
Passeport de 24 pages	87 $	22 $	37 $
Passeport de 48 pages	92 $	24 $	39 $

Depuis le 31 décembre 2006, si vous voyagez en avion ou en bateau à destination ou en provenance du Canada, des Bermudes, des Caraïbes, du Mexique, d'Amérique centrale ou d'Amérique du Sud, vous devrez présenter un passeport valide aux autorités. De plus, depuis le 23 janvier 2007, les États-Unis l'exigent également lorsque vous arrivez par voie des airs ou maritime. En juin 2009, le passeport sera également exigé pour tous ceux qui franchiront les frontières américaines par voie terrestre, en avion ou en bateau. Il est à noter que même si le passeport n'est pas obligatoire, comme il est une preuve de citoyenneté et d'identité canadienne largement reconnue, le fait d'en avoir un pourrait vous faciliter la vie.

Certains pays exigent un visa de séjour. Consultez le site Web ou contactez le Bureau des affaires consulaires (voir Adresses utiles).

Si vous portez des lentilles cornéennes ou des lunettes, apportez-en une paire de rechange et apportez une copie de l'ordonnance. Un accident ou une perte sont si vite arrivés… et passer un examen de la vue pendant les vacances, surtout si l'on parle plus ou moins la langue du pays visité, n'est pas très agréable.

Si vous devez voyager avec des seringues ou des aiguilles à des fins médicales personnelles, vous êtes autorisé à les transporter avec vous à condition que la gaine de l'aiguille soit intacte et d'avoir l'ordonnance du médicament et l'étiquette imprimée indiquant le nom du médicament et de la clinique médicale ou de la pharmacie ayant préparé l'ordonnance. Par précaution, apportez une lettre de votre médecin précisant la nécessité d'avoir ces seringues ou aiguilles à portée de main. Ayez-en donc une traduction dans la langue du pays ou, à tout le moins, en anglais.

Pour tous ces documents, faites une photocopie que vous séparerez du document original. Laissez-en également une copie à une personne de confiance au pays et qui est facile à joindre. En cas de vol ou de perte, il sera alors moins difficile d'obtenir un nouveau document.

Pourquoi ne pas laisser une copie de votre itinéraire à un proche ? En cas d'urgence, on saura où vous joindre.

Bien sûr, ayez en votre possession les billets d'avion, de traversier, de train, etc., dont vous aurez besoin. Gardez-les à portée de la main, par exemple dans une pochette spécialement conçue à cet effet.

N'oubliez pas de glisser dans votre valise les billets d'attraction que vous avez achetés avant le départ.

Emportez une copie de votre police d'assurance et le numéro de téléphone de l'assureur et veillez à ce que vos compagnons de voyage, votre agent de voyages ou quelqu'un à la maison le connaissent aussi. Procurez-vous une assurance maladie complémentaire qui correspond à votre type de voyage. Si vous allez faire de l'escalade au Tibet, vous aurez besoin d'une assurance particulière...

N'oubliez pas un dictionnaire, surtout si vous ne parlez pas la langue du pays. En général, on peut se débrouiller en anglais, mais un petit dictionnaire bilingue sera souvent très salvateur. À cet effet, les dictionnaires de voyages sont pratiques puisqu'ils offrent souvent des sections de phrases toutes faites pour différentes situations de la vie courante (au restaurant, à l'hôtel, à la gare, etc.) Dans des lieux touristiques, le personnel connaît en général quelques phrases permettant de converser avec les visiteurs dans leur langue maternelle. Par mesure de prudence, un dictionnaire de poche vous sortira du pétrin.

Le permis de conduire international est obligatoire si vous voulez louer une voiture. Certaines agences de voyages vous le proposent à un coût très raisonnable. C'est un livret traduit en plusieurs langues qui facilitera la communication si vous êtes intercepté par un agent de la paix et dans lequel on appose une photo récente. Attention, certains pays ne louent pas de voiture aux moins de 21 ans.

Les chèques de voyage représentent un autre document essentiel. On gardera une copie des numéros de ces chèques à l'écart des chèques eux-mêmes. Ils vous permettront d'en recevoir de nouveaux en cas de vol. Certains pays refusent certaines marques de chèques, il vaut mieux vérifier.

La carte de crédit évite d'avoir sur soi de trop grosses sommes. Il est avantageux de s'en procurer une et d'y ajouter un numéro d'identification personnel (NIP) pour obtenir des avances de fonds partout dans le monde (attention aux frais). Ajustez la limite de crédit si nécessaire et notez le numéro de téléphone d'urgence en cas de vol.

Dans plusieurs pays d'Europe et d'Amérique, on peut également utiliser la carte de guichet automatique. Vérifiez auprès de votre banque ou caisse populaire.

Munissez-vous d'une petite somme d'argent comptant dans la devise du pays visité qui servira à payer vos dépenses immédiates, par exemple un café d'une machine distributrice, un pourboire ou la course du taxi entre l'aéroport et l'hôtel. Pour ce faire, vous pouvez vous rendre dans des bureaux de change ; certaines agences de voyages offrent aussi des mini sachets de monnaie. Pour certaines devises, prévoyez un délai de commande. Pour l'argent américain, on peut s'en procurer dans presque toutes les caisses et les banques du Québec, moyennant des frais. Les aéroports internationaux ont des bureaux de change, mais ils ne sont pas tous ouverts jour et nuit et ils exigent un taux de change relativement élevé.

Notez sur une feuille les numéros de téléphone d'urgence des compagnies émettrices de vos cartes de crédit, les numéros de ces cartes, les numéros de téléphone du consulat canadien et du bureau des passeports. Conservez cette feuille ailleurs que dans votre portefeuille ou la pochette qui contient tous les documents. Si votre portefeuille ou la pochette disparaissait, il serait plus facile d'obtenir de nouveaux documents.

Ayez en main votre carnet de vaccination et de santé, au cas où on vous le demanderait.

Procurez-vous les cartes routières et les dépliants des lieux à visiter. En voiture, consultez le trajet avant de prendre le volant et pliez la carte de façon qu'elle soit facilement consultable.

Si vous voyagez seul, collez à votre tableau de bord une feuille où seront inscrites les artères à emprunter. Voici un exemple :

40 EST

55 NORD

SORTIE 206 (St-Boniface)

ARRÊT-GAUCHE

PASSER ÉGLISE

1re RUE – GAUCHE (Du Boisé)

765, du Boisé

819 535-0000

Il vous sera facile de vous retrouver sans consulter la carte. Inscrivez le numéro de téléphone de l'endroit où vous vous rendez, ce qui peut s'avérer

pratique si vous devez annoncer un retard ou demander des indications supplémentaires. Ce petit aide-mémoire est pratique lorsqu'on se rend à un endroit unique (entre l'aéroport et l'hôtel, par exemple). Si on doit faire plusieurs
arrêts, il faut alors faire plusieurs mémos.

Si votre voiture est munie d'un système de navigation (GPS), vous n'aurez
pas besoin de carte routière, quoique la technologie soit toujours faillible.
Mettez en mémoire les cartes de la région à visiter.

Placez les dépliants des lieux touristiques que vous voulez visiter à portée
de la main, dans l'ordre de la visite si cela est déjà déterminé. Attachez-les à
l'aide d'un élastique s'ils sont de formats semblables ou d'une pince ou encore placez-les dans une enveloppe.

Ne prenez dans votre bagage à main que les dépliants ou les cartes
nécessaires à votre arrivée pour éviter de l'alourdir.

La vaccination

Ça y est ! Vous avez choisi votre destination, planifié l'itinéraire, acheté de
nouveaux vêtements pour l'occasion et trouvé quelqu'un pour arroser vos
plantes. Quelles sont les conditions de santé qui prévalent dans ce pays ?
Avez-vous besoin de vaccins ? Quelles précautions devrez-vous prendre ?

Si vous vous rendez dans l'Ouest canadien, la vaccination est inutile. Par
contre, si vous devez explorer le continent africain, l'Asie, l'Amérique centrale
ou du Sud, il en est tout autrement.

Les risques de rapporter des maladies au Canada sont de plus en plus
nombreux, tout comme les règles d'hygiène peuvent être différentes, l'eau
et les aliments peuvent être contaminés, le milieu ou le climat peuvent être
propices à la propagation d'agents pathogènes.

D'abord, peu importe votre destination, six à huit semaines avant le
départ, passez un examen de routine auprès de votre médecin de famille.
Celui-ci pourra vous renseigner au sujet des vaccins à recevoir. Sinon, une
clinique santé-voyage vous fournira de l'information sur les risques possibles
de maladie, les vaccins ou les traitements préventifs nécessaires. On vous y
informera également sur les façons d'éviter les risques de maladie. Finalement, le site Internet de Santé Canada regorge d'informations utiles tant sur
les vaccins que sur la santé des voyageurs en général (voir Adresses utiles).

Personne n'est à l'abri de la piqûre d'un moustique infecté par le virus de
la fièvre jaune ou la consommation d'eau ou d'aliments contaminés par ETEC
(Escherichia coli entérotoxinogène), le choléra, l'hépatite A ou la typhoïde.

De même, les maladies d'enfance telles que la diphtérie, le tétanos, la poliomyélite, la rubéole, les oreillons ou la rougeole sont plus susceptibles d'être contractées au cours de voyages à l'étranger. Mettre à jour ces vaccins est fortement recommandé.

Les complications possibles, à titre d'exemple, selon le virus contracté peuvent être de la déshydratation à la suite d'une forte diarrhée (ETEC), une fatigue persistant plusieurs semaines ou une atteinte grave du foie (hépatite A), des problèmes respiratoires ou une paralysie permanente (poliomyélite), une atteinte des reins et du foie (fièvre jaune) et même la mort.

Prévoir est donc la meilleure chose à faire.

Si, à votre retour, vous êtes malade ou ne vous sentez pas bien, consultez votre médecin et informez-le du lieu de votre récent voyage à l'étranger.

La destination

Lorsqu'on prépare fébrilement un voyage, on a souvent en tête l'aspect agréable de celui-ci et les choses plus terre à terre nous emballent un peu moins, malgré qu'elles soient tout aussi importantes que les premières.

Par exemple, à mon arrivée, comment me rendre jusqu'à mon hôtel ? Y a-t-il un métro, un train de banlieue ? Sera-t-il préférable de me déplacer en taxi puisque j'arriverai en pleine nuit ? Faut-il réserver à l'avance le traversier en période estivale ? Si oui, puis-je le faire à partir du Canada ? Quels vêtements dois-je apporter ? Y a-t-il un code vestimentaire pour la visite d'un monastère ? La religion du pays empêche-t-elle de porter certaines tenues ? Quel est le climat ? Pleut-il souvent ?

Un ami nous a peut-être déjà renseigné sur quelques points, mais qu'en est-il de tous les autres sites à visiter, ceux dont on n'entend pas nécessairement parler ? Valent-ils réellement le déplacement ? Qui pourra me le dire ?

Avant même de choisir une destination et de chercher de l'information, il existe certaines étapes à suivre.

Avant toute chose, quels sont vos besoins ? Avant de consulter un agent de voyages ou un guide quelconque, asseyez-vous avec vos partenaires de voyage (ou faites l'exercice si vous voyagez seul) et déterminez vos besoins. Voulez-vous seulement vous reposer ? Voulez-vous uniquement vous faire bronzer ? Ou découvrir la culture du pays ? Y allez-vous afin d'exercer plusieurs sports ? D'abord par affaires avec quelques moments libres à combler ? Si vous définissez difficilement vos besoins, pensez à des vacances qui vous ont comblé et trouvez-en les raisons. Cela vous donnera probablement quelques pistes.

Si votre compagnon de voyage a une personnalité très différente de la vôtre, il faudra trouver des compromis et établir les règles de façon à satisfaire chacun. Inutile d'aller camper avec votre cousine si elle ne peut supporter la vue d'un insecte ! Pourquoi ne pas opter pour une formule de voyage organisé, si vous n'avez pas voyagé souvent ? Ce serait une belle façon d'apprivoiser cet univers inconnu. Par contre, même cette formule a ses inconvénients. En effet, on perd souvent du temps parce que certaines personnes ne respectent pas les consignes du guide. Êtes-vous conciliant face à cette éventualité ?

Quel est votre budget ? La destination choisie vous convient-elle ? En plus du coût du billet d'avion, il faut tenir compte de l'hébergement ou de la distance et du coût de la vie une fois rendu à destination. Un voyage en Italie est beaucoup plus onéreux qu'un voyage au Mexique, par exemple. Qu'il s'agisse de repas au restaurant, de l'achat de souvenirs, des prix d'entrée pour diverses attractions, chaque ville n'offrira pas les mêmes avantages et n'exigera pas les mêmes coûts. Préférerez-vous la formule « tout inclus » si elle est disponible, tout en sachant qu'après trois semaines vous serez peut-être las de revoir les mêmes buffets ? N'oubliez pas les pertes encourues dans la conversion des monnaies. Consultez les journaux ou les sites Internet pour en connaître les taux. Des vacances trop coûteuses vous stresseront, tout le contraire de ce que vous recherchiez au départ.

Combien de personnes font partie de votre groupe de voyageurs ? Y aura-t-il de jeunes enfants, des adolescents, des personnes âgées, des femmes enceintes ? Certaines personnes ont-elles des allergies ou des handicaps qui les empêcheraient de visiter certains lieux ou auront-elles des besoins spéciaux ?

Finalement, quelles seront vos conditions de voyage ? Le groupe doit-il constamment être réuni afin de resserrer les liens ou peut-on prévoir des activités différentes pour chacun ? Combien d'heures par jour consacrerez-vous aux visites, aux déplacements, aux repas, au travail, au repos ? De combien de temps disposez-vous pour ce voyage ? Avez-vous des gens à visiter ? Acceptez-vous l'hébergement en gîte ou seulement les grands hôtels ?

Une fois cet exercice complété, vous serez en mesure de tracer un itinéraire de voyage qui conviendra à tous. Vous respecterez davantage les besoins de chacun et les vacances seront sans doute mieux réussies.

Vous refusez un itinéraire tracé au jour le jour avant le départ ? Cela est aussi un mode de voyage valable. Par contre, il vous faudra peut-être sacrifier certaines visites qu'il fallait réserver des semaines à l'avance. De plus, vous devrez peut-être vous présenter dans trois hôtels différents avant de trouver une chambre pour la nuit. Certains diront : « Et puis ? On est en vacances, non ? On a tout notre temps ! » Si le groupe s'accommode bien de cette façon de faire, vous aurez également des vacances très réussies. Par contre, si certains membres du groupe n'aiment pas voyager au jour le jour, il vous faudra trouver un compromis.

Vous préférez organiser certains aspects et laisser libre cours à l'improvisation pour d'autres aspects ? Par exemple réserver les modes de transport et l'hébergement mais attendre pour choisir les lieux à visiter, ou acheter des billets pour le fantastique spectacle dont vous rêvez depuis des années, mais attendre pour les autres. Bref, peu importe votre style, vous aurez besoin de plus ou moins d'aide.

Si vous réservez des billets d'avion ou un forfait quelconque, l'**agent de voyages** est la première personne qui vous renseignera sur votre destination. Même s'ils ont beaucoup voyagé, les agents de voyages, de toute évidence, n'ont tout de même pas tout visité. Ils pourront donc très bien vous renseigner sur une destination particulière, mais seront moins bavards sur une autre. Les bons agents de voyages vous l'avoueront modestement. Demandez-leur alors si d'autres clients ne se seraient pas rendus au même endroit par le passé et s'il y a moyen de les contacter. Souvent, l'agent s'informera auprès des anciens clients. Il pourra s'ensuivre une soirée de photos et souvenirs qui vous sera très précieuse. Après tout, qui n'aime pas partager ses expériences de voyage ? Il se peut qu'un ancien client soit venu rencontrer son agent de voyages après son escapade pour lui montrer des photos et lui donner des commentaires sur les gens, le site, la nourriture, etc. L'agent peut tout aussi bien être en mesure de vous renseigner adéquatement.

L'agent de voyages pourra vous aider à faire des réservations autres que pour le billet d'avion. Il pourra notamment faire des réservations sur des bateaux traversiers. Il vous donnera des renseignements sur la langue, le climat, la monnaie, les coutumes ou les dangers du pays visité et vous fournir de la documentation. Bref, l'agent de voyages vous aidera à planifier votre périple.

Par la suite, les sites **Internet** vous révéleront des adresses utiles en plus de vous donner une foule de renseignements sur votre destination. De plus, certains voyageurs créent des sites à leur retour, qui donnent un aperçu des endroits visités.

Les offices du tourisme se feront un plaisir de vous faire parvenir une série de brochures, de cartes touristiques, de coupons de réduction et de dépliants.

Prévoyez les délais du courrier afin de les recevoir avant le départ. On trouve les adresses des offices du tourisme sur les sites Internet, auprès des agents de voyages, dans l'annuaire téléphonique ou dans les guides de voyage.

À destination, **les bureaux d'informations touristiques** valent grandement le détour. Vous y découvrirez des dépliants très intéressants sur des petits commerces locaux ou sur de plus grosses attractions. Très souvent, on y trouve un coupon de réduction et l'itinéraire précis est expliqué. Les bureaux d'informations touristiques offrent des cartes de la ville ou du village beaucoup plus détaillées que celles des guides plus généraux. Ils vous permettent souvent un contact privilégié avec un résidant du secteur qui saura vous guider sur ce qui vaut le détour.

Les guides de voyage vendus en librairie ou chez votre agent de voyages vous permettront d'obtenir une information relativement complète. Achetez les plus récents, sinon vous risquez d'être déçu. Si votre bibliothèque municipale en possède un exemplaire récent, empruntez-le et truffez-le de notes autocollantes à défaut de pouvoir griffonner dedans. Conservez-les dans votre bagage à main.

Le tableau à la page 84 vous présente une liste non exhaustive des guides de voyage les plus populaires disponibles en français dans les librairies du Québec. Certains guides (selon la destination) sont plus volumineux et contiennent par le fait même plus de pages et d'informations, d'où leur prix différent. Lorsque c'était possible, un site Internet a été indiqué.

Planifiez les incontournables et, surtout, n'essayez pas d'en faire trop. Votre travail vous impose déjà des contraintes, les vacances devraient plutôt être reposantes et vous permettre de refaire le plein d'énergie.

Le journal de voyage

Ce n'est pas obligatoire, mais un journal de voyage peut s'avérer indispensable si vous désirez conserver vos si précieux souvenirs. Certains commerces proposent des petits livres de différentes tailles où vous consignez les renseignements et les moments magiques. Certains sont composés de pages vierges, alors que d'autres vous guident quant à l'information à inscrire. Un calepin avec feuilles blanches ou lignées fera tout aussi bien l'affaire. Procurez-vous ce livret *avant* votre départ puisque votre voyage commence au moment même où vous passez la porte de votre foyer (si ce n'est avant !). Si l'avion a du retard, vous aurez même du temps pour commencer la rédaction !

Que doit contenir votre journal de voyage ? Ce que vous avez envie d'y retrouver. Voici diverses suggestions.

Titre du guide	Maison d'édition	Prix	Site Internet	Commentaires
Guide de voyage Ulysse		14,95 $ à 29,95 $	www.guidesulysse.com	Quelques photos couleur
Le Guide Vert Michelin	Éditions des Voyages	26 $ à 30 $	www.ViaMichelin.fr	Plusieurs photos couleur
Guide de voyage Let's Go	Dakota Éditions	24,95 $ à 35,95 $	www.dakota editions.com www.letsgo.com	En noir et blanc seulement, aucune photo, très complet
Guide NEOS (Nord-Est-Ouest-Sud)	Éditions des Voyages (Michelin)	28 $ à 30 $		Très coloré, photos et cartes couleur, agréable à l'œil
Guide de voyage Lonely Planet		18,95 $ à 49,95 $	www.lonelyplanet.fr	Noir et blanc sauf une section de photos couleur, très complet
Le Guide du Routard	Hachette	14,95 $ à 26,95 $	www.routard.com	Noir et blanc sauf cartes routières en couleur, complet
Les Guides Bleus	Hachette Tourisme	26,95 $ à 59,95 $		Plusieurs photos, papier glacé, donc plus lourd, complet
Guide de voyage Berlitz		4,99 $ à 16,95 $		Très petit format, en couleurs, papier glacé, moins complet, peu dispendieux
Guides Mondeos	Les Éditions Comex	13,95 $		En couleurs, papier glacé, assez complet, offre 6 cartes postales détachables
Le Petit Futé/ Country Guide		14,95 $ à 29,95 $	www.petitfute.com	Très complet, surtout noir et blanc avec quelques photos couleur, certains ont beaucoup de publicités
Guides Gallimard		39,95 $	www.gallimard.fr	Superbe à l'œil, complet, plus lourd, papier glacé
Guides Voir	Éditions Libre Expression	15,95 $ à 39,95 $		Très complet, lourd, papier glacé. Selon leur slogan : « Les guides qui montrent ce que les autres racontent. » Une quantité incroyable de photos couleur.
Imavision DVD guides		21,95$		DVD de 70 à 80 minutes

Avant votre départ, inscrivez sur une page l'adresse des gens à qui vous désirez faire parvenir une carte postale. Vis-à-vis de chaque nom, vous inscrirez la date où vous avez posté la carte et l'endroit représenté par celle-ci (si vous prévoyez visiter plusieurs endroits).

Une autre page pourra être intitulée «Souvenirs à rapporter» si vous craignez d'oublier certaines personnes ou si des gens de votre entourage vous font une demande spéciale (tante Annette aimerait beaucoup une broderie de Bruges). N'oubliez pas de cocher au fur et à mesure ce qui aura été acheté. Cela vous indiquera aussi de quel espace supplémentaire vous aurez besoin à votre retour pour loger ces objets dans votre valise ou votre bagage à main. (Voir la section La valise – le contenu.)

Si vous avez le déclic facile et craignez d'oublier le souvenir couché sur pellicule, consacrez quelques pages à une brève description de l'endroit ou de l'objet photographié. Attribuez un numéro à chacun des films et notez ce que la photo 1 évoque, puis la 2, etc. Ce qui donnera quelque chose du genre «film n° 2, photo 6, fête paroissiale sur la Plaça de Pollença». Vous pouvez faire de même avec un appareil numérique en notant le numéro de la photo. Peu importe le type d'appareil, achetez également des cartes postales au cas où les photos seraient ratées ou au ca où vous perdriez ou abîmeriez votre appareil.

Les gens plus visuels aimeront peut-être coller une carte géographique de l'endroit où ils se rendent pour tracer au crayon l'itinéraire emprunté.

Avant le départ, vous pouvez déjà rédiger l'itinéraire prévu. Par exemple, vous serez dans tel village à telle date et vous comptez visiter telle attraction.

Par la suite, chaque jour une page indiquera à quelle journée de votre périple vous en êtes (jour 5, par exemple), le jour et la date (lundi, 14 septembre), le temps (qui pourra être représenté par un pictogramme), les dépenses (hébergement, repas, transport, divertissements, magasinage, divers, total du jour et total cumulatif), les événements de cette journée-là et, si possible et si le cœur vous en dit, un petit mot d'une personne du coin. Pourquoi ne pas lui faire écrire une phrase dans sa langue maternelle? Imaginez votre journal de voyage truffé de phrases en russe, en mandarin ou en espagnol! Quel beau complément!

Finalement, vous pourrez aussi prendre en note des adresses à retenir. Tel restaurant vous a vraiment fasciné par sa cuisine, sa décoration ou ses prix abordables? Notez-le pour refiler l'adresse à une connaissance qui s'y rendra un jour (ou pour vous si vous décidez d'y remettre les pieds!).

Chaque membre du groupe peut créer un journal personnel, puisque les souvenirs de chacun sont uniques, ou il peut être familial. Dans ce cas, chaque membre ajoutera sa touche personnelle.

Peu importe sa forme, ce journal restera un document précieux que vous conserverez des années durant.

Le décalage horaire

Qu'est-ce que le décalage horaire ? Il survient lorsqu'on franchit plusieurs fuseaux horaires trop rapidement, et que notre horloge biologique interne n'est plus synchronisée avec l'heure de l'endroit où l'on se trouve. Arrivé à destination, on se sent fatigué, épuisé. Malgré le sommeil, souvent entre-coupé de fréquents réveils, on n'arrive pas à récupérer pleinement. Les idées sont embrouillées, les réflexes sont au ralenti, et la concentration est difficile. On peut ressentir des maux d'estomac ou des problèmes intestinaux.

Certaines personnes ressentent un léger décalage au passage de l'heure normale à l'heure avancée ou vice-versa. En général, bon nombre de gens vivent ce changement sans même s'en apercevoir, néanmoins, d'autres ont besoin d'une semaine pour s'en remettre.

Le décalage horaire est particulièrement marqué lorsqu'on traverse trois fuseaux horaires ou plus (ce qui signifie donc plus de trois heures de décalage). La plupart des gens, et plus particulièrement les jeunes, ont moins de problèmes d'ajustement en volant de l'est vers l'ouest que l'inverse. Par contre, les personnes plus âgées vivent parfois le problème contraire. Bien sûr, aucun décalage n'existe du nord au sud puisque les fuseaux séparent le globe de l'ouest à l'est.

Des études ont montré qu'après avoir traversé plusieurs fuseaux horaires sur un vol de l'est vers l'ouest, aucun parmi les voyageurs d'affaires étudiés ne fonctionnait normalement pendant les premiers jours. Au moment où vous vous présentez pour un rendez-vous important, votre corps, en pleine période d'ajustement, s'insurge. Ce problème peut être crucial pour un cadre d'entreprise ou un diplomate qui, dès son arrivée, doit prendre des décisions de première importance.

Si vous avez une rencontre décisive à faire en sol étranger, rendez-vous à destination quelques jours plus tôt, pour permettre à votre corps de s'ajuster. S'il est absolument essentiel de participer à des réunions pendant la première ou la deuxième journée de votre arrivée à l'étranger, essayez de les prévoir à des heures où vous seriez bien éveillé et parfaitement alerte si vous étiez encore chez vous. Par exemple, les rencontres du premier jour d'un Nord-Américain en Espagne devraient avoir lieu l'après-midi, alors que c'est encore le matin au Canada. En avant-midi, il aurait l'impression d'être encore en pleine nuit.

Certains trucs préviennent le décalage horaire. Avant votre départ, décalez graduellement vos heures de sommeil et de repas pour les rapprocher le plus possible de celles que vous adopterez une fois à destination. Si vous devez voler de Montréal vers Los Angeles, par exemple, retardez votre coucher et votre lever graduellement pendant quelques jours, de façon à ce que, la nuit avant votre départ, vous vous couchiez et vous leviez à l'heure de la Californie. Essayez de prendre les repas aux heures de la Californie. Même s'il n'est pas très pratique de chambouler tout son horaire avant de partir, essayez au moins de modifier votre journée dans la bonne direction.

Aussitôt arrivé à destination, adoptez l'heure locale. Restez debout, même si vous êtes épuisé. Vous vous coucherez comme tout le monde, le soir ! Sortez si vous le pouvez, malgré la fatigue. Marchez, asseyez-vous à une terrasse pour prendre une collation, errez dans un parc et exposez-vous au soleil (ou tout au moins à la lumière naturelle) le plus possible. Le deuxième jour, profitez encore de l'ensoleillement ou de la lumière naturelle au maximum. Ainsi, rendu au troisième ou quatrième jour, votre horloge interne devrait être synchronisée avec l'heure locale.

L'exposition aux premiers rayons du soleil est préférable si vous désirez vous réveiller plus tôt le matin, alors que les rayons solaires de fin d'après-midi ou de début de soirée peuvent vous aider à retarder votre réveil. Chaque fois que votre corps aura envie de dormir, mais que vous préférez rester éveillé, sortez au soleil. Ça fonctionne très bien !

Des médicaments homéopathiques atténuent le stress physique et la fatigue causés par les perturbations de l'horloge biologique interne. Certaines personnes y répondent très bien. Ils sont disponibles à la pharmacie, dans les magasins d'aliments naturels et dans les boutiques spécialisées en voyage.

Voir aussi la section Dans l'avion pour aider à diminuer les effets du décalage horaire.

Les collations

Apportez des collations et des rafraîchissements. Un départ retardé fera en sorte que le repas servi à bord (s'il y en a un) sera repoussé à une heure plus tardive. Il est même possible qu'il n'y ait pas de casse-croûte, qu'il soit fermé ou que la file d'attente soit interminable ou que vous ne trouviez pas ce que vous désirez. Quelques petites bouchées calmeront les fringales. Notez que depuis quelque temps, on ne peut plus apporter sa nourriture à bord des avions, à moins de besoins diététiques spéciaux avec lettre du médecin le confirmant.

En voiture, les collations vous éviteront de faire des détours inutiles et de chercher un dépanneur ou un casse-croûte dans une ville inconnue. De plus, elles permettront aux parents de remplir leur petit creux sans réveiller les enfants qui dorment si bien dans leur siège. N'oubliez pas : la seule chose plus rapide que la restauration rapide est la nourriture qui est déjà dans votre voiture.

Privilégiez des aliments et des boissons qui ne tachent pas. Oubliez donc les fraises et le jus de raisin ! Préparez certaines denrées avant le départ. Pelez les oranges et séparez-les en quartiers, coupez le fromage en petits cubes, etc. N'oubliez pas les serviettes de table ou des essuie-tout ou un paquet de serviettes humides. Ces dernières ne servent pas qu'aux familles qui ont de jeunes enfants !

Achetez des boîtes à boire ou des bouteilles munies d'un bouchon gicleur. Cela minimisera les risques de dégâts. Attention à la quantité de liquides consommée si vous ne voulez pas devoir chercher des toilettes.

Compte tenu de la saison, vous devrez peut-être conserver certains aliments au frais. vous pouvez alors utiliser une glacière qui se branche dans l'allume-cigares, une glacière conventionnelle ou, encore, un sac à isolation thermique. Vous vous servez de ces derniers ? La veille, congelez des bouteilles remplies d'eau au quart, à moitié ou complètement. Avant le départ, complétez le remplissage à l'aide d'eau froide et placez les contenants dans votre glacière conventionnelle ou dans le sac. Ils serviront à refroidir la nourriture et l'eau pourra être consommée au fil du voyage. Comparativement à des blocs réfrigérants, les bouteilles d'eau peuvent être bues et laissées au recyclage par la suite. De plus, les différents niveaux de glace dans vos bouteilles feront en sorte que vous aurez de l'eau fraîche à tout moment de la journée. Par contre, il se forme de la condensation sur la bouteille et les gouttes d'eau tombent sur nos genoux lorsqu'on boit. Entourez chaque bouteille d'un morceau de papier absorbant qui servira, de plus, de linge humide pour vous essuyer les doigts après la collation.

Privilégiez ce qui est riche en protéines (voir le tableau à la page suivante) et bannissez bonbons, croustilles, etc. Comment les enfants attachés à leur siège d'auto dépenseront-ils l'énergie apportée par le sac de bonbons ?

Où trouver les protéines[*]

Principales sources de protéines animales	Principales sources de protéines végétales
Abats (foie, cœur, langue, rognon, ris…)	**Arachides**
Crustacés (crevettes, homard, crabe …)	**Beurre d'arachide ou de noix** (amande, noisette, noix de cajou…)
Gibier (lapin, perdrix, canard…)	**Boisson de soja** (nature, fraise, vanille…)
Lait (chèvre, vache… nature ou assaisonné)	**Bouchées énergétiques**
Mollusques (pétoncles, huîtres, moules…)	**Graines** (tournesol, citrouille, sésame…)
Œufs	Légumineuses (lentilles, pois cassés…)
Poissons (saumon, sole, morue, truite…)	**Noix** (amandes, pistaches, pignons…)
Produits laitiers (yogourt, fromage…)	**Fruits séchés** (dattes, figues, abricots,…)
Venaison (orignal, sanglier, cerf…)	Seitan
Viande (agneau, bœuf, porc, veau…)	Tempeh
Volaille (poulet, dinde, pintade…)	**Tofu** (mou, ferme…)

Les aliments en caractère **gras** sont ceux qui **s'apportent bien comme collation.**

Les muffins maison peuvent sembler attirants, mais les miettes le sont beaucoup moins.

Pensez à votre entourage. Les autres passagers n'apprécieront peut-être pas votre œuf à la coque.

Les aspects qu'il faut donc analyser :

- la conservation (surtout si vous n'avez pas de glacière),
- le format des bouchées,
- la valeur nutritive,
- l'odeur,
- le côté salissant.

Attention cependant. Il est interdit d'importer fruits, légumes et végétaux dans plusieurs pays. Si vous passez les douanes américaines, il se peut que même vos oranges de la Floride vous soient confisquées. Alors, si vous voulez vous éviter une fouille inutile, consommez vos produits avant de passer les douanes.

---

[*] LAURENDEAU, Hélène et COUTU, Brigitte, *L'alimentation durant la grossesse*, Montréal, Édition du Club Québec Loisirs Inc., 2001.

Le sac à cosmétiques ou de toilette

Le sac à cosmétiques ou de toilette n'a pas besoin d'une longue préparation, surtout si vous voyagez souvent, pour votre travail par exemple.

Vous vous servez de mousse à raser? Laissez-en toujours un contenant dans le sac de toilette. Même chose pour le rince-bouche, le maquillage, le dentifrice, la brosse à dents, le shampooing, la bouteille d'acétaminophène, etc.

Procurez-vous des formats voyage, ce qui évitera le surpoids. Ils sont plus chers, mais ils en valent nettement le prix surtout s'ils sont remplissables. Vous pouvez aussi demander des échantillons (sachets ou bouteilles) de certains produits de beauté (démaquillant, tonique, crème de jour, etc.) à votre cosméticienne. De plus, vous pourrez remplir les petites bouteilles à partir de vos contenants d'origine. Ces petites bouteilles sont parfois remises à titre de promotion à Noël ou à la Saint-Valentin. Conservez-les précieusement en vue d'un prochain voyage.

Les pharmacies et les magasins à grande surface vendent de tout petits contenants plastiques vides. Remplissez-les et identifiez-les. Les entreprises de cosmétiques sont de plus en plus sensibles aux gens qui voyagent et offrent des trousses où vous retrouvez des tubes et des pots anti-gaspillage en petits formats. Pourquoi apporter un tube de dentifrice de 750 ml si vous ne partez que pour une semaine? Gardez vos restes de dentifrice pour de telles occasions ou conservez ceux que vous remet votre dentiste après votre visite annuelle. Donnez priorité aux sacs plutôt qu'aux contenants rigides (boîtes de carton ou de plastique) lorsque le contenu le permet, bien entendu. Placez vos protège-dessous non emballés individuellement dans un sac plutôt que dans leur boîte d'origine.

Ne remplissez pas les contenants en plastique à ras bord, car ils peuvent se dilater sous l'effet des différentes pressions atmosphériques. Placez vos bouteilles dans des sacs à congélation hermétiques afin de mieux protéger les autres articles.

La plupart des pays exigent que les médicaments soient dans le contenant d'origine sur lequel on peut lire l'étiquette. S'il s'agit d'un médicament prescrit par votre médecin, la prescription doit obligatoirement suivre, au risque de vous faire confisquer ledit médicament. Même si vous n'avez besoin que de trois multivitamines pour votre court séjour, il vous faudra trimballer la grosse bouteille si c'est tout ce que vous avez. Vous n'avez pas à transporter tout le contenu. Conservez la liste des noms génériques de vos médicaments, car les marques peuvent varier. Assurez-vous que vos médicaments ne sont pas classés parmi les substances illégales dans le pays visité. Si vous transportez une quantité considérable de médicaments, apportez une lettre de votre médecin précisant que vous avez le droit d'utiliser ces médicaments.

Prenez avec vous ce qui est nécessaire pour la durée de votre séjour et ajoutez un supplément de cinq jours au cas où votre voyage serait prolongé inopinément ou que vous échapperiez un ou deux comprimés dans le drain du lavabo. **Les formules des médicaments européens et asiatiques sont différentes des nôtres**. Finalement, en raison des nouvelles mesures de sécurité, si vous devez voyager avec un auto-injecteur d'épinéphrine ou avec des seringues pour le diabète, ayez en votre possession une lettre de votre médecin qui précise la nécessité d'avoir ces seringues dans votre bagage à main. Faites traduire la lettre dans la langue du pays ou, à tout le moins, en anglais.

Voici une liste des médicaments de base que tout voyageur devrait apporter :
- ✔ médicament contre le rhume,
- ✔ comprimés contre la douleur,
- ✔ médicament antidiarrhée,
- ✔ laxatif,
- ✔ médicament antinausées (si nécessaire),
- ✔ médicament antimalaria (si applicable).

Le sac à cosmétiques ou de toilette, que vous voyagiez en avion, en autobus ou en train, doit être placé dans votre bagage à main. Les produits fragiles seront moins susceptibles d'être endommagés dans votre bagage à main vu les écarts de température qui se produisent en soute. Il arrive aussi que des valises soient en retard ou perdues. Vous aurez au moins le minimum en attendant… Par contre, compte tenu des nouvelles normes concernant les liquides, les gels et les aérosols, ne dépassez pas la quantité permise (voir la prochaine section). Ayez à tout le moins du dentifrice, une brosse à dents, vos médicaments ou vos boîtes pour lentilles cornéennes dans votre bagage à main.

Le bagage à main

Après le 11 septembre 2001, Transport Canada a intensifié ses mesures de sécurité. Voici une liste des articles interdits dans les bagages de cabine :
- ✔ couteaux,
- ✔ objets pointus ou tranchants (cela inclut les ciseaux à ongles et les canifs porte-clés),

✔ armes à feu, munitions et cartouches réelles,

✔ armes-jouets ou répliques d'armes,

✔ objets d'arts martiaux,

✔ feux d'artifice,

✔ tire-bouchon,

✔ équipements de sport.

Placez ces objets dans vos bagages enregistrés. N'oubliez pas les mots de passe de vos appareils électroniques ou électriques. On peut vous demander de les mettre en marche. N'emballez pas vos cadeaux à l'étranger, car les douaniers pourraient les ouvrir pour fin d'inspection.

Les gels, liquides et aérosols sont autorisés aux points de contrôle et d'embarquement en format de 100 ml, 100 g (3,4 oz) ou moins. Les contenants devront être placés dans un seul sac de plastique transparent à fermeture par pression et glissière bien scellé d'une capacité d'un litre maximum (une pinte). Les dimensions approximatives d'un tel sac sont de 15,24 cm sur 22,86 cm (6 po sur 9 po) ou 20 cm sur 17,5 cm (8 po sur 7 po). Les articles ne doivent pas remplir le sac à pleine capacité ni en étirer les parois. Un seul sac par personne est autorisé.

Nous l'avons déjà dit, les gens qui utilisent des seringues ou des aiguilles à des fins médicales personnelles sont autorisés à avoir celles-ci dans leur bagage à main à condition que la gaine de l'aiguille soit intacte, qu'ils aient l'ordonnance du médicament et une étiquette imprimée indiquant le nom du médicament et celui de la clinique médicale ou de la pharmacie ayant préparé l'ordonnance. De même, si vous avez un médicament essentiel de plus de 100 ml ou 100 g (3,4 oz), il sera exempté de ces restrictions, qu'il soit sur ordonnance ou non. Aucun sac n'est requis pour ces articles. Vous serez peut-être soumis à un contrôle additionnel. Comme nous l'avons mentionné dans la section précédente, si vous avez un auto-injecteur d'épinéphrine, ayez en votre possession une lettre traduite de votre allergologue précisant la nécessité d'avoir cette seringue dans votre bagage à main.

Consultez la liste de contrôle des bagages pour savoir ce qui est admis et interdit à bord au site de Administration canadienne de la sûreté du transport aérien (ACSTA) ou sur le site web de Transport Canada (voir Adresses utiles).

Le sac à cosmétiques ou de toilette, compte tenu de la fragilité des produits et de l'utilité de son contenu, devrait se retrouver avec vous en cabine. Glissez-le au fond du sac si vous ne comptez pas en avoir besoin pendant le trajet.

Bien entendu, les articles de grande valeur, comme les bijoux, les appareils photo, le matériel électronique, l'argent et tous les documents importants de voyage vont aussi dans votre sac de cabine.

Les films pour appareil photo devraient être placés dans votre bagage à main en raison des nouveaux équipements de contrôle aux aéroports. Achetez vos films à destination et faites-les développer avant le retour, cela sera encore plus simple. Les nouveaux équipements de contrôle des bagages enregistrés aux aéroports du Canada endommagent les films, mais pas les cartes des appareils numériques. Les équipements utilisés dans les zones de contrôle pré-embarquement (CPE) n'endommagent pas les films dont l'indice d'exposition ASA est inférieur à 800 ISO/ASA. Toutefois, si une pellicule est soumise plus de cinq fois à une inspection radioscopique dans une zone CPE, elle peut être endommagée. On peut demander une fouille manuelle dans la zone CPE, si on craint de faire endommager ses films.

N'oubliez pas les objets de divertissement. Par exemple, un livre en format poche (et votre lampe de lecture), votre baladeur et quelques disques ou encore votre iPod, un cahier de mots croisés, des revues. Prévoyez du papier vierge, en cas d'inspiration, et deux ou trois crayons (attention au type de stylo, les stylos à encre liquide ne sont pas recommandés, ils coulent en altitude). Commencez à remplir votre journal de voyage si vous avez décidé d'en tenir un.

Mettez également dans votre sac des objets qui serviront à votre confort. Un baume pour les lèvres, une crème à mains, un hydratant facial, un gel antiseptique pour les mains, des lingettes nettoyantes, un coussin pour la nuque, un bandeau pour les yeux, si vous avez de la difficulté à dormir à la clarté, des bouchons pour les oreilles, des comprimés contre le décalage horaire si applicable, des produits pour les verres de contact ainsi que vos lunettes, des collations saines, des pantoufles ou une paire de bas chauds si vous avez tendance à geler des pieds.

Créez-vous une mini-trousse de secours, qui comprendra des pansements, des tampons alcoolisés, des cure-oreilles et un onguent antiseptique. Mettez-y une mini trousse de couture et quelques épingles de sûreté.

Peu importe votre destination, glissez le nécessaire pour passer la nuit en cas de perte de bagages. Si vous allez au soleil, pourquoi ne pas y mettre votre maillot de bain? Vous pourrez au moins vous baigner si vos bagages arrivent plus tard.

Voici les dimensions de bagage de cabine et de bagage à main qui sont acceptées avec vous, données fournies par Air Canada. Les roues et les poignées sont prises en compte dans les chiffres cités. Le poids et les dimensions varieront légèrement selon la classe choisie et selon la compagnie aérienne. Vérifiez auprès de la compagnie ou de votre agent de voyages.

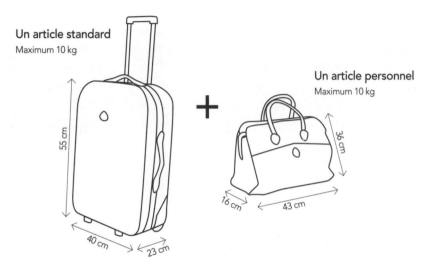

Un article standard
Maximum 10 kg

Un article personnel
Maximum 10 kg

Choisissez le type de bagage à main qui vous conviendra en tenant compte des objets que vous voulez y mettre. Opterez-vous pour un sac à dos qui vous libérera les mains pour transporter votre valise ou votre bouquin de lecture et qui servira plus tard pour vos excursions ? Préférerez-vous un attaché-case qui vous permettra de bien classer toute la paperasse pour la réunion du lendemain ? Voudrez-vous un sac muni d'une bandoulière pour mettre sur votre épaule si vous le désirez ou pour trimballer dans vos mains ? À vous de décider.

Votre bagage à main sera votre meilleur allié entre la maison et votre point d'arrivée. Assurez-vous donc qu'il ne sera pas trop lourd et qu'il contiendra tout ce dont vous aurez besoin.

La valise

Vous êtes en tout temps responsable de votre valise, sauf une fois qu'elle est enregistrée au comptoir. On a tous déjà lu ou entendu des histoires de drogue retrouvée dans des bagages. Les accusés affirmaient ne pas l'y avoir placée et avaient peut-être raison. Sous aucun prétexte, vous ne devez perdre votre valise de vue et vous ne devez la confier qu'à des gens que vous connaissez. Restez en tout temps vigilant.

De même, n'acceptez aucun bagage ou colis d'une personne inconnue, peu importe la raison.

Il est certain que la valise est encombrante si l'on veut aller aux toilettes et qu'on est seul, mais c'est un petit désagrément qui est parfois salutaire. Utilisez exceptionnellement la toilette pour personnes handicapées, s'il le faut. Si vous avez faim, choisissez un restaurant où l'on vous servira à la table plutôt qu'une cafétéria qui vous obligerait à tirer votre valise en même temps que vous tenez un plateau de l'autre main ou encore à faire plusieurs allers-retours.

Depuis le 1er janvier 2006, un contrôle plus serré des bagages enregistrés des passagers est effectué. Il est possible que les préposés au contrôle des passagers de la TSA (Transportation Security Administration) ouvrent votre valise à des fins d'inspection. Vos bagages enregistrés devraient donc tous demeurer non verrouillés pour éviter qu'ils soient ouverts de force si une inspection plus poussée s'avérait nécessaire. **Vous pouvez vous procurer des cadenas TSA, lesquels sont reconnus et acceptés par la «Transportation Security Administration» (TSA) des États-Unis. Les responsables disposent d'un outil sécurisé pour ouvrir les cadenas Travel Sentry au besoin, sans les endommager. Vous pouvez les acheter dans les boutiques spécialisées de voyage.**

Il serait triste de commencer vos vacances avec des bagages perdus ou endommagés. Malheureusement, cela n'arrive pas qu'aux autres. Que faire si votre valise est introuvable à l'arrivée? Rendez-vous immédiatement auprès d'un agent aux passagers qui remplira un formulaire sur place avec vous. Vous devrez fournir une description aussi précise que possible des bagages concernés. L'information recueillie sera par la suite transmise au système de repérage des bagages WorldTracer, un système au service de toutes les compagnies. Un représentant local vous tiendra informé de l'évolution des recherches. Il vous indiquera également les limites des remboursements offerts pour les achats nécessaires que pourrait occasionner le retard de vos bagages. Les montants varient d'une compagnie à l'autre et selon la date d'arrivée de votre bagage. Cette politique est parfois difficile à faire appliquer, mais si vous gardez toutes vos preuves (les factures, le reçu confirmant l'heure et la date de la livraison de votre bagage – exigez-le s'il ne vient pas automatiquement –, votre billet d'avion et un résumé de la situation donnant le plus de détails possible), il vous sera peut-être plus facile d'y arriver. Vous ferez cette demande de remboursement à votre retour. La réclamation doit être reçue au plus tard 21 jours après celui-ci.

N'oubliez pas qu'une réclamation visant les égratignures, les petites coupures, les salissures, les bosses, les coutures déchirées, les roulettes endommagées sera refusée.

L'achat

Si vous voyagez beaucoup, achetez des valises de qualité. Informez-vous dans les magasins spécialisés. Vous verrez très vite que les valises en solde au magasin *Machin-chose* ne sont peut-être pas une si bonne affaire.

Qu'est-ce qui fait varier le prix de deux valises de prime abord semblables ? La qualité des poignées, des roulettes, des coutures, de l'entoilage, des cadenas ou la réputation de la marque. Un sac à dos ne se détaillera pas au même prix qu'une valise rigide qui, elle, sera de prix différent d'une valise souple. Le format aussi joue un rôle dans le prix demandé.

Alors, quelle valise ou ensemble de valises devriez-vous acheter ou utiliser ? Cela dépend de votre besoin. Une personne qui descend dans le même hôtel pendant deux semaines une fois par an n'aura pas du tout les mêmes besoins qu'une autre qui part trois jours chaque semaine ou qu'une autre qui compte faire le tour de l'Europe pendant quatre mois, le sac au dos.

Le format

Si vous voyagez fréquemment pour de courtes périodes, achetez une valise de format cabine. Ainsi, aucune file d'attente pour récupérer ledit bagage au carrousel et si vous décidez de devancer un vol, vous ne serez pas refusé sous prétexte que votre bagage est enregistré sur un autre vol. La valise devrait être munie de roulettes et d'une poignée rétractables, ce qui facilitera vos nombreux déplacements et rendra peut-être les immanquables voyages plus agréables. Vous pouvez avoir en plus un bagage à main (voir la section Le bagage à main).

Si vous voyagez peu mais pour de longues périodes au même endroit, achetez une valise de plus grand format qui ira en soute. Elle sera plus lourde à transporter, mais comme vous ne changez pas d'aéroport, vous n'aurez pas beaucoup de manipulations à faire. Procurez-vous une valise munie de roulettes rétractables qui ne pourront se détacher et d'une courroie amovible pour la tirer ou d'une poignée rétractable. Les cadenas ne devraient pas trop pendre, car ils sont susceptibles de s'accrocher et de déchirer les bagages souples. Plusieurs voyageurs utilisent une sangle tissée avec attache de type *clip in* d'environ 5 à 8 cm de large entourant la valise pour plus de rigidité et y camouflent en même temps le cadenas.

Si vous voulez acheter un sac à dos pour un périple plus long, il faut d'abord déterminer quels sont les objets essentiels dont vous avez besoin et ensuite, pesez-les et mesurez-en le volume. Ces données vous aideront à choisir le format et la structure du sac.

Les compagnies aériennes ont chacune leurs règles en matière de dimensions et de nombre de bagages. Référez-vous à votre agent de voyages ou visitez le site Internet de la compagnie émettrice de votre billet. Voici quelques règles générales.

Selon la classe, la destination et la compagnie retenues, le poids maximum accepté sans frais pour chaque bagage sera différent. De même, la quantité de bagages enregistrés en soute variera. Vous devrez acquitter des frais d'excédent de bagages si votre valise dépasse le poids maximum. On vous facture alors les kilogrammes excédentaires à l'aller et au retour. Il vaut donc mieux avoir deux plus petites valises qu'une seule de poids énorme.

Chaque housse à vêtements compte pour un bagage et est assujettie aux restrictions habituelles.

Certains articles de sport peuvent remplacer un bagage enregistré s'ils n'excèdent ni le poids ni les dimensions. C'est le cas notamment des bâtons de golf. Par contre, il vaut mieux vérifier avec chacune des compagnies pour les modalités, car on exigera généralement un emballage dans un contenant rigide spécialement conçu pour l'expédition.

L'identification

Avez-vous déjà remarqué la quantité de valises noires qui voyagent de par le monde? Le noir est de loin la couleur la plus populaire pour les valises, suivi du bleu marine et du rouge. Cela est facile à comprendre puisque les taches et l'usure paraissent beaucoup moins sur une couleur foncée. Que faire alors lorsque vient le temps de récupérer ses valises sur le quai d'une gare ou le carrousel d'un aéroport? Comment économiser du temps et être certain de partir avec le bon bagage?

Une toute nouvelle collection de valises à parois rigides vient d'être lancée. La compagnie International Traveller a pensé vous simplifier la vie en offrant des valises à motifs très originaux, par exemple une valise rose ou noire à pois blancs, une grise à pois verts, une imitation peau de vache ou de zèbre, ou encore un élégant motif à damier (voir Adresses utiles).

Trouvez une façon originale d'identifier votre valise si elle est de l'une des couleurs unies citées précédemment. Par exemple, vous pourriez peindre un gros motif sur chacune des faces de la valise ou sur les côtés, au cas où elle se retrouverait alignée avec d'autres le long d'un mur, par exemple. On peut aussi coller de grosses lettres indiquant notre nom de famille ou nos initiales. On peut nouer un foulard de couleur vive à la poignée. Plusieurs personnes utilisent déjà ce truc, mais comme les couleurs des foulards sont différentes, c'est tout de même une bonne idée. Choisissez une couleur originale. Enroulez complètement le foulard autour de la poignée et nouez-le bien afin d'éviter qu'il ne se coince dans le convoyeur. Le foulard de coton est un meilleur allié que l'acrylique, le polyester ou la soie, car ces derniers tissus tiennent moins bien en place. Finalement, on peut apposer de larges bandes de ruban gommé d'une couleur contrastante sur toutes les faces de la valise. Cela permettra de la repérer plus facilement, surtout si elle est empilée avec ses semblables au tourniquet.

Attachez une étiquette nominative qui indiquera votre nom et votre adresse de destination et votre adresse permanente. Par exemple, à l'aller vous inscrirez l'adresse de l'hôtel ou des amis où vous comptez séjourner en plus de la vôtre et au retour, vous écrirez uniquement l'adresse de votre domicile. Cela aidera grandement à ce que votre bagage se rende à bon port s'il arrive en retard. Vous ne voudriez tout de même pas que votre valise retourne au Canada pendant que vous l'attendez en Asie! Fixez l'étiquette à l'aide d'un élastique plutôt que d'une tige de plastique. Elle aura plus de chances de survivre si elle est un peu malmenée. Cette étiquette vous permettra de confirmer que ce bagage est bien le vôtre lorsque vous le saisirez. Pour plus de sécurité, inscrivez également vos nom et adresse à l'intérieur de la valise. Les étiquettes Aerotag faciliteront le travail des agents des lignes aériennes en cas de perte puisque votre itinéraire et vos vols sont enregistrés sur le site Web de la compagnie.

N'oubliez pas d'enlever les anciennes étiquettes de compagnies aériennes de vos bagages.

Le contenu

Comment faire pour maximiser l'espace de votre valise? D'abord, en n'apportant que ce qui est nécessaire. Que faire si le *nécessaire* prend trop de place? On peut acheter une valise plus grande, ajouter une autre valise, acheter des vêtements une fois à destination (ce qui ne règle le problème que partiellement puisqu'on sera coincé au retour) ou suivre ces quelques trucs d'économie d'espace.

Les chaussures prennent le plus d'espace dans un bagage et sont lourdes. Utilisez l'espace vide. Glissez dans chaque soulier un sac de plastique qui contiendra des chaussettes ou des sous-vêtements roulés. En plus de combler le vide, cela évitera que la chaussure se déforme. On fait de même avec les sandales. Placez ensuite les chaussures dans un autre sac de plastique pour éviter que les semelles tachent les vêtements propres. Attention aux encres employées sur les sacs imprimés. Certaines pourraient tacher vos vêtements. Utilisez des sacs transparents (de blanchisserie, par exemple) ou blancs. Placez les souliers dans le fond de la valise, près des roulettes, afin de diminuer le poids ressenti lorsque vous la traînerez par la poignée. De plus, leur poids ne froissera pas les autres vêtements placés en surface.

Pour conserver la fraîcheur de vos vêtements, placez une feuille d'assouplissant à tissu dans vos bagages.

Pour éviter les plis de froissement, voici quelques petits conseils.

Roulez votre cravate, cela évite le pli disgracieux qui se forme quand vous la pliez simplement en deux.

Ne surchargez pas la valise. Privilégiez les vêtements infroissables et boutonnez les chemises ou chemisiers pour qu'ils tombent correctement lorsque vous les porterez. Roulez les t-shirts et entourez-les des autres vêtements; glissez-les ensuite dans des sacs transparents de blanchisserie. C'est le contact entre les vêtements qui crée le froissement. Les sangles intérieures de la valise empêchent les vêtements de bouger, utilisez-les. Aussitôt arrivé à destination, videz la valise. Et si certains articles sont froissés, demandez un fer à repasser au concierge de l'hôtel ou suspendez-les dans la salle de bains pendant que vous prenez votre douche. La vapeur les défroissera.

Comment éviter des dégâts dans nos beaux vêtements? Remplacez tous les produits en aérosol (désodorisant, laque pour cheveux, produit insectifuge) par leur équivalent en bâton ou en poudre, afin d'éviter les dégâts. On ne remplit pas les bouteilles de produits liquides à ras bord, car elles peuvent se dilater sous l'effet du froid. Par mesure de précaution, on les mettra dans des sacs à congélation hermétique.

Un cadenas à numéros, un réveille-matin de voyage, un coupe-ongles, des piles de rechange pour l'appareil photo et un peu de savon à lessive sont des indispensables, peu importe votre destination. N'oubliez pas l'imperméable.

Pour les vacances à l'extérieur du Canada et des États-Unis, vous aurez besoin d'adaptateurs électriques afin d'utiliser votre séchoir à cheveux ou le chargeur de votre téléphone cellulaire.

Si vous comptez écrire des lettres ou des cartes postales aux êtres chers, recopiez leurs adresses sur un simple bout de papier au lieu de trimballer avec vous votre carnet d'adresses. Vous pouvez également les recopier dans votre journal de voyage (voir page 83).

Si vous voulez rapporter des souvenirs de voyage, tentez d'estimer la place nécessaire dans votre valise au retour. Il y a diverses possibilités.

D'abord, selon la compagnie ou la classe de voyage, vous avez peut-être droit à deux ou trois valises. Vous pouvez donc placer une valise de grandeur moyenne vide à l'intérieur même d'une valise plus grande à l'aller. Au retour, vous répartissez vos effets personnels et vos souvenirs dans chacun des deux bagages.

On peut aussi partir avec une seule valise et en acheter une plus petite à destination, qui servira à loger les souvenirs achetés pour le retour.

On peut aussi laisser des objets à destination.

Par exemple, vous pouvez laisser les livres lus à la bibliothèque ou dans le hall de l'hôtel ou encore dans un petit café où vous avez dégusté des gourmandises régionales et qui acceptent ce genre de don ou tout simplement en faire cadeau à un voyageur ou au personnel que vous aurez rencontré. Il peut être intéressant d'écrire son prénom ou son nom et son pays d'origine à l'intérieur de la page couverture. D'autres emprunteront peut-être votre livre et feront de même. C'est fascinant de voir combien de gens de nationalités différentes lisent parfois un même ouvrage ! Et, en plus, vous aurez un peu plus de place pour rapporter vos souvenirs…

Certaines gens voyagent avec des vêtements qu'ils aiment un peu moins pour diverses raisons (chandails légèrement usés, chaussettes percées, pantalon un peu démodé, t-shirt gagné dans un concours, bermuda un peu trop grand, etc.) et les jettent ou les donnent au personnel de l'hôtel après les avoir portés une dernière fois. Certains le font même systématiquement. Selon la qualité du vêtement et la richesse du pays, les personnes qui le reçoivent sont souvent très heureuses d'un tel présent. On peut faire de même avec les produits de toilette. Certaines femmes de chambre seront comblées en recevant le reste de notre bouteille d'eau de toilette ou les tampons et serviettes hygiéniques non utilisés. Cette méthode peut permettre de libérer la moitié de l'espace de notre valise. On peut aussi apporter moins de vêtements que nécessaire. Vous partez deux semaines? Prévoyez des vêtements pour une seule et faites une lessive au cours du voyage. Certains établissements offrent le service de buanderie à leurs clients. Sinon, le personnel peut vous indiquer l'adresse d'une buanderie.

Si vous voyagez à deux ou plus, mettez chacun une partie de vos vêtements dans la valise de l'autre personne. Cette idée toute simple vous aidera à sourire si votre bagage est en retard. Vous aurez des vêtements pour au moins la première journée.

«Tout bon voyageur est capable de traîner sa valise.» Paroles entendues d'un illustre sage que je connais. Si ce n'est pas votre cas, faites en sorte qu'elle soit moins lourde ou plus petite.

Dans l'avion

N'oubliez pas de prendre soin de vous. Puisque l'air de la cabine est sec, hydratez votre peau et appliquez un baume sur vos lèvres. Portez des vêtements amples et confortables.

Avant le vol, promenez-vous dans l'aérogare afin de bien faire circuler le sang dans tous les membres de votre corps. Vous serez assis longtemps. Évitez d'avaler un repas copieux. Après tout, vous commencez une période d'inactivité.

Une fois à bord de l'appareil, buvez beaucoup de liquide pour éviter la déshydratation. L'alcool accélère la déshydratation. Privilégiez l'eau ou le jus non sucré. Essayez de boire 250 ml d'eau toutes les trente minutes. Pour ne pas déranger les autres passagers par vos fréquentes visites aux toilettes, demandez un siège du côté de l'allée ou, mieux encore, si vous aimez regarder à l'extérieur, demandez un siège près du hublot à une sortie de secours. La déshydratation semble nuire à l'ajustement du rythme circadien. Selon la définition des professeurs Hauri et Linde, le rythme circadien est «le cycle des fonctions physiologiques et comportementales, incluant le sommeil et l'éveil, correspondant approximativement à la durée du jour (incluant la nuit). Le mot lui-même, tiré des racines latines *circa* signifiant "environ" et *dies* signifiant "jour", indique que la périodicité de ce cycle n'est pas exactement de 24 heures[*].»

De nombreuses compagnies aériennes présentent maintenant une vidéo vous montrant différents exercices que vous pouvez accomplir tout en demeu-

---

[*] HAURI, Peter, Ph. D. et LINDE, Shirley, Ph. D., *Plus jamais de nuits blanches!*, Montréal, Les Éditions Logiques, 1998

rant assis. Ces exercices favorisent la circulation sanguine ralentie par la posi-
tion assise. Cela peut occasionner des engourdissements et de l'inconfort.
Faites ces exercices une fois par heure. Peu importe la longueur du vol, l'idéal
serait de vous lever à l'occasion et de marcher dans l'allée. Attention de ne
pas nuire au service des agents de bord. Essayez aussi de détendre tous les
muscles de votre corps en faisant des exercices d'étirement et de relaxation.
Vous ressentirez les bienfaits au moment où vous ferez ces exercices mais
aussi plusieurs heures après, puisque votre corps sera moins courbaturé à la
descente de l'avion.

Dormez un peu. C'est une des meilleures façons d'éviter les effets du
décalage horaire et de vous reposer avant d'avoir à affronter tous les aléas
qui suivent une envolée. Apportez un coussin gonflable ou un sac-oreiller de
la maison, des bouchons pour les oreilles et un bandeau parfumé à la lavande
apaisante. Avant de somnoler, appliquez un peu de crème pour les yeux et de
crème de nuit pour vous réveiller avec une peau hydratée et rafraîchie. Avisez
les agents de bord des services pour lesquels vous acceptez d'être dérangé.
Vous ne voulez être réveillé sous aucun prétexte ou vous voulez l'être uniquement pour le service de repas ou encore pour les ventes de la boutique hors
taxe ? Voyez s'il est possible de faire vos achats un peu plus tard. Demandez
une couverture qui vous gardera au chaud, surtout si vous êtes assis près du
hublot. Pourquoi ne pas glisser une paire de pantoufles ou de chaussettes
chaudes dans votre bagage à main ? Cela vous aidera à mieux dormir. Gardez votre ceinture de sécurité bouclée en tout temps. Si l'avion traverse une
zone de turbulences, l'agent de bord n'aura pas à vous réveiller pour faire
respecter cette consigne de sécurité.

Finalement, ayez une attention particulière pour votre peau. Enduisez régulièrement vos mains de crème, appliquez un **facial** hydratant à quelques
reprises et un baume sur vos lèvres. Un soupçon de mascara, un petit coup de
fard et un brillant à lèvres que vous appliquerez alors que l'avion roule lente-
ment jusqu'à la barrière (pensez à un miroir format poche), contribueront à
laisser derrière vous les traces des longues heures de vol.

Dans le train

La campagne vue comme vous ne l'avez peut-être jamais vue, la ville s'offrant
à vous sous un tout autre angle, le paysage qui change continuellement, le
tout admiré par d'immenses fenêtres pendant que vous êtes bien calé au
creux d'un fauteuil spacieux et confortable ou en train de dîner à une table de

la voiture-restaurant ; et une fois la nuit venue, vous vous endormez dans un lit douillet au rythme imposé par le roulis du train. Le lendemain, vous pourrez même prendre votre douche !

Le train, en classe économique ou en première classe, offre très certainement des avantages indéniables par rapport aux autres moyens de transport. Par contre, comme tout autre voyage, il importe de réserver, que ce soit pour un court trajet de quelques heures ou un trajet plus long de plusieurs jours.

En ce qui concerne les bagages, il vaut mieux se limiter à un ou deux bagages à main à l'intérieur des voitures. Vous pouvez enregistrer les bagages plus volumineux dont vous n'aurez pas besoin pendant le voyage dans le fourgon à bagages. Selon vos besoins, vos skis, kayak, vélo, canot ou autres peuvent être transportés.

Dans certain trains, la voiture-restaurant présente un menu spécialement conçu pour les enfants. Ceux-ci se régaleront du macaroni au fromage ou de la pizza au pepperoni accompagnée d'une gelée aux fruits.

Certaines classes offrent des activités ou des vidéos sur la destination où vous vous rendez. Renseignez-vous !

Bref, chaque pays offre un éventail de catégories, d'horaires, de destinations, de menus ou de privilèges. Informez-vous avant le départ pour connaître les particularités de chacune des compagnies. Belles découvertes en perspective…

Les animaux de service et les animaux domestiques

Pour voyager en toute quiétude, il faut bien sûr organiser la vie de nos bêtes à poils ou à plumes afin que cette période soit tout aussi agréable pour eux que pour nous.

Commençons par les animaux de service. Un animal de service est un animal de travail certifié qui porte un harnais et est entraîné à aider une personne ayant un handicap permanent ou de longue durée. Ces bêtes ne sont pas des animaux de compagnie et elles voyagent gratuitement avec leur maître, que ce soit en train ou en avion. Il faut par contre respecter certaines conditions. En effet, on doit présenter un certificat de formation pour l'animal avant l'embarquement et avoir tous les documents d'admission requis par le pays de transit et de débarquement. Ces documents devront être présentés avant le départ. Afin d'obtenir un siège disposant de suffisamment d'espace au sol pour votre animal, présélectionnez-le au moment de la réservation auprès de votre agent de voyages. (Voir la section du site Web de Transport Canada consacrée aux animaux de service.)

Quant à votre animal de compagnie, à vous de voir si vous voulez l'emmener avec vous et quelles sont les ressources disponibles. Par exemple, il suffira de demander à une personne de confiance de venir nourrir les poissons rouges ou de leur laisser un bloc d'alimentation. On peut laisser le chat à une amie ou le chien au chenil.

Voyager en automobile est le plus simple pour votre animal de compagnie puisque vous êtes maître à bord et que les seules conditions imposées seront les vôtres ou celles de vos compagnons de route. Si vous devez entrer aux États-Unis avec Toutou, il ne devra présenter aucun signe de maladie transmissible aux humains. De plus, il vous faudra prouver qu'il a été vacciné contre la rage depuis au moins trente jours. Un certificat du vétérinaire est donc obligatoire.

Ne laissez jamais un animal dans une voiture toutes fenêtres fermées en été. Installez-lui une couverture, apportez certains jouets, de la nourriture et de l'eau. Pour le reste, vous connaissez les besoins de votre animal.

Les animaux de compagnie ne sont pas admis à bord des voitures des trains et font le trajet dans le fourgon à bagages. Par conséquent, s'il n'y a pas de service d'enregistrement de bagages, vous ne pouvez pas voyager avec votre animal de compagnie. Même la présence d'un fourgon à bagages ne garantit pas le droit d'emmener un animal, car certains trains ne peuvent accueillir d'animaux, faute de ventilation adéquate en saison estivale (1er mai au 30 septembre). Informez-vous au moment de la réservation. Seuls les chats, les chiens et les petits rongeurs sont acceptés dans les fourgons à bagages. Les principales gares vendent des cages de quatre tailles différentes. Il n'y a pas de limite de poids, mais le personnel ne transportera pas les animaux dont le poids et la cage combinés excèdent 32 kg (70 lb). Dans ce cas, vous devrez faire monter et descendre votre animal du fourgon pendant que l'employé apportera la cage vide. Notez que les fourgons à bagages sont chauffés mais non climatisés, de sorte que votre animal de compagnie peut être exposé à des chaleurs élevées. Bien sûr, il faut aviser la compagnie ferroviaire à l'avance.

Pour voyager avec votre animal de compagnie en avion, une seule règle : s'informer. Certains pays n'acceptent aucun animal (Royaume-Uni, Irlande, Jamaïque), pas même ceux en transit. Certains transporteurs ne les acceptent que dans la soute, d'autres aussi en cabine selon la destination. D'autres n'acceptent pas certaines races de chiens ou se limitent aux chats et aux chiens. Le choix de la cage est aussi très réglementé. Et que dire des tarifs, qui varient selon la destination, la taille ou le poids de la cage ! Selon le pays d'arrivée, il faut présenter des documents, payer un certain montant ou remplir des conditions. Avant de réserver, visitez le site Internet de la compagnie aérienne ou parlez-en avec votre agent de voyages. Attention également : certains pays mettent les animaux en quarantaine.

L'espace en soute étant limité et la répartition du poids bien calculée, il faut bien sûr aviser la compagnie aérienne au préalable, au risque de se voir refuser le transport de l'animal.

Consultez le vétérinaire pour vérifier si votre animal est apte à voyager. Par exemple, un animal âgé ne devrait pas voyager, en raison des effets liés au stress.

Voici quelques règles d'organisation qui vous permettront de voyager l'esprit en paix.

✔ Achetez une cage approuvée par la compagnie qui transportera votre animal. Pour le transport aérien, il faut respecter la réglementation de l'IATA. La cage doit être en plastique rigide munie de trous pour l'aération et aucune partie de l'animal ne doit sortir de la cage. Les cages en treillis métallique ne sont pas admises (mais la porte en treillis est acceptée). L'animal doit pouvoir se retourner, se tenir debout et se coucher dans sa cage.

✔ Écrivez le nom de l'animal sur la cage ainsi que le vôtre et vos coordonnées.

✔ Ajoutez un cadenas pour empêcher que l'animal ouvre la cage. Certaines compagnies exigent que le cadenas soit verrouillé, d'autres, non.

✔ Avant le départ, habituez votre animal à sa cage, ce qui réduira son insécurité.

✔ Recouvrez le plancher de la cage de quelque chose d'absorbant, comme une couverture.

✔ Un objet familier (couverture ou jouet) dans la cage rassurera votre animal pendant le vol.

✔ Nourrissez votre animal quatre à six heures avant le départ, car un estomac plein peut être source d'inconfort pendant le vol. Donnez-lui de l'eau jusqu'au moment du départ. Videz son contenant au moment de l'enregistrement pour éviter les débordements. On ne peut fournir nourriture ou eau pendant le vol mais prévoyez tout de même un bol bien sécurisé; en cas de retard, après le vol ou entre deux vols, les agents pourront faire boire l'animal. N'oubliez pas la nourriture pour nourrir votre animal à l'arrivée.

✔ Agriculture Canada et l'IATA recommandent de ne pas administrer de tranquillisants ou d'autres médicaments aux animaux. Consultez votre vétérinaire.

Toutes ces précautions devraient vous permettre, à vous et à votre animal favori, de vivre un voyage sans trop de turbulences. Finalement, n'oubliez pas de réclamer votre animal dès votre arrivée à destination !

L'automobile

Les voyages en automobile offrent la liberté des trajets et des arrêts. Avant le départ, n'oubliez pas de faire réviser votre véhicule et faites le changement d'huile si nécessaire. Vérifiez l'état des pneus, du pneu de secours et du cric. Personne n'est à l'abri des crevaisons.

La veille, faites le plein et placez tous vos bagages dans le coffre à l'exception de la glacière. Lavez l'extérieur de votre voiture et l'intérieur des portes afin de ne pas salir vos vêtements lorsque vous y mettrez les bagages ou que vous y monterez ou descendrez.

Assurez-vous de la validité de votre permis de conduire et de votre immatriculation. Votre police d'assurance devrait inclure une responsabilité civile d'au moins 1 000 000 $. Si votre voiture est louée et que vous comptez séjourner à l'extérieur du Québec, avisez la compagnie de location à long terme.

L'habitacle

Au cours d'un long périple en voiture, l'habitacle devient comme une deuxième maison. Quelques jours avant le départ, passez l'aspirateur et nettoyez les fenêtres et le tableau de bord. Cela vous donnera une énergie supplémentaire au moment du grand départ.

Déterminez à l'avance avec vos compagnons de voyage les cassettes ou disques compacts à emporter, ce qui évitera les choix de dernière minute. Placez-les à l'endroit approprié.

La boîte à gants devrait contenir les essentiels, soit un bloc-notes, un crayon à mine et le manuel d'utilisation de votre voiture (en cas de pépin). D'autres indispensables devraient se trouver à portée de main : une boîte de papiers mouchoirs, un rouleau de papier absorbant ou des serviettes de table, une boîte de serviettes humides, des liquides pour s'hydrater, des collations, votre sac à main ou votre portefeuille, vos passeports et autres documents importants si vous devez franchir les douanes, des lunettes de soleil, un balai à neige si vous voyagez en saison hivernale, un parapluie, et tout autre objet nécessaire à votre confort. Autant que faire se peut, placez ces objets dans votre voiture la veille du départ, sinon avant.

Voici quelques trucs pour maximiser l'espace de votre habitacle.

✔ Entourez les pare-soleil d'élastiques pour y mettre les papiers, les guides et les cartes routières, etc. (en plus de votre système de navigation si vous en avez un, lequel peut flancher).

✔ Disposez sous les sièges des objets tels que trousse de secours ou de dépannage, chaussures, etc.

✔ Si vous avez des sacs de couchage, étendez-les sur les sièges arrière et asseyez-vous dessus.

✔ Utilisez des organitouts qui s'installent sur le dossier des sièges avant et qui permettent de ranger une foule d'objets.

Le coffre

Votre coffre contiendra vos bagages bien sûr, mais il faudra aussi penser à la trousse de dépannage et de secours qui devra être facilement accessible (à moins de la placer dans l'habitacle). Placez les objets les moins utiles au fond du coffre et gardez à l'avant les choses utiles pendant le trajet ou à l'arrivée.

Rangez différents objets dans l'espace autour du pneu de secours.

La glacière peut servir d'espace de rangement pendant le trajet. Les denrées périssables seront achetées une fois à destination.

Avant le départ, faites plusieurs essais, afin de pouvoir caser tous vos effets. Il faut parfois de très nombreuses minutes avant de trouver la disposition idéale, surtout si vous avez un nouveau véhicule, beaucoup de bagages ou ne voyagez pas souvent. Parfois, il faudra sacrifier certains articles faute d'espace ou encore vous munir d'un support à bagages fixé sur le toit. Prévoyez le coup si vous comptez acheter des souvenirs volumineux.

Une fois que vos effets seront tous placés, prenez une photo mentale de votre arrangement pour gagner du temps au moment du retour.

La trousse de dépannage et de secours

Que vous partiez pour une balade de 30 kilomètres en plein été sous un soleil radieux ou que vous vous rendiez à 1 000 kilomètres de votre maison au milieu de l'hiver sous les flocons, la trousse de secours et de dépannage est nécessaire et quasi obligatoire.

Divers commerces offrent un organitout qui comprend souvent uniquement la trousse de dépannage. Rien ne vous empêche d'utiliser un sac en tissu et d'y inclure les objets nécessaires à sa confection. Vous pouvez vous procurer la trousse de secours et l'intégrer au même sac ou tout simplement la laisser dans le coffre avec votre autre trousse. L'important est d'avoir les deux en votre possession, peu importe la saison.

Votre **trousse de dépannage** devrait contenir les éléments suivants :
- ✔ triangles d'urgence
- ✔ drapeau ou carton S.O.S.
- ✔ câbles de démarrage
- ✔ aide traction (en hiver)
- ✔ pelle (en hiver)
- ✔ liquide lave-vitres
- ✔ ruban isolant noir
- ✔ poncho d'urgence
- ✔ couverture isolante ou de laine (évitez l'acrylique)
- ✔ tendeurs élastiques de différentes longueurs
- ✔ gilet de sécurité
- ✔ paire de gants
- ✔ tuque (en hiver, on perd le plus de chaleur par la tête)
- ✔ lampe de poche (les piles à part)
- ✔ grand sac de plastique
- ✔ bougie d'urgence (placée dans un sac de plastique, car la chaleur estivale peut faire fondre la cire)
- ✔ allumettes à l'épreuve de l'eau
- ✔ un bloc d'allume-feu
- ✔ corde
- ✔ canif multi-usages
- ✔ quelques vieux torchons

Votre **trousse de secours**, quant à elle, se trouvera dans un contenant séparé qui sera ajouté à votre sac de dépannage et contiendra (voir aussi chapitre 1) :
- ✔ gants multi-usages de latex
- ✔ compresses de gaze stérile (2 pouces X 2 pouces)
- ✔ bandage de gaze (2 et 4 pouces)
- ✔ tampons oculaires

✔ serviettes hygiéniques emballées individuellement (excellentes comme compresses lorsque l'hémorragie est abondante)
✔ ruban adhésif imperméable
✔ ciseaux à bandage
✔ boules ou tampons de ouate
✔ rasoir de sûreté
✔ lames de rasoir
✔ bandages triangulaires
✔ masque pour bouche-à-bouche
✔ épingles de sûreté de différentes tailles
✔ cotons-tiges
✔ bandage élastique (2, 3, 4 et 6 pouces – 3 pouces sert pour la plupart des usages)
✔ abaisse-langue
✔ pinces à épiler
✔ tampons alcoolisés
✔ onguent antiseptique (à retirer de la trousse en hiver)
✔ lotion à la calamine (à retirer de la trousse en hiver)
✔ pansements de différentes tailles (à jointures, pour les doigts, réguliers)
✔ pansements de rapprochement
✔ sachet de sucre
✔ sachet de sel
✔ savon
✔ bloc-notes et crayon à mine (pour noter les signes vitaux avant l'arrivée des ambulanciers ou laisser un message dans le pare-brise si vous devez abandonner votre véhicule)
✔ numéros de téléphone importants (centre antipoison, police, ambulance, etc.)

Vérifiez régulièrement le contenu de la trousse de secours puisque les grandes variations de température peuvent en altérer la qualité du contenu.

Pourquoi ne pas offrir une de ces deux trousses ou encore les deux en cadeau à un être cher? C'est une excellente façon de lui montrer qu'il est important pour vous.

Conseils de sécurité

Que vous voyagiez seul, en couple, avec des amis ou en famille, il existe certaines règles de sécurité à respecter. Malgré tous vos efforts, il est souvent évident que vous êtes des touristes, cible parfois tentante pour les criminels. Faites preuve de vigilance en tout temps.

Avant le départ, élaguez le contenu de votre portefeuille. Les photos de vos neveux, les coupons de réduction ou la carte privilège de votre club de golf sont-ils nécessaires ? Les cartes des hôpitaux, la carte d'assurance sociale sont également inutiles.

N'exhibez pas vos richesses et laissez vos objets de grande valeur à la maison ou dans un coffret de sûreté à l'hôtel.

Ne mettez pas vos chèques de voyage, vos cartes de crédit, votre argent, votre passeport et votre billet d'avion dans un sac facile à voler. Privilégiez plutôt une pochette du voyageur. Il s'agit d'un sac que l'on peut porter à la taille ou en bandoulière, dissimulé sous sa ceinture ou ses vêtements. Ou utilisez le coffret de sûreté de l'hôtel. Ne mettez pas tous ces effets au même endroit. Si possible, gardez-en une partie dans votre sac, une autre dans le sac d'une personne qui vous accompagne et une autre à l'hôtel. En cas de vol, vous ne perdriez pas tout. Soyez créatif. Un billet de banque bien plié passera inaperçu dans votre chaussette à l'intérieur de votre cheville ou encore dans une chaussette roulée laissée parmi vos autres vêtements dans le tiroir de votre chambre d'hôtel. Certaines boutiques spécialisées en voyage vendent de fausses bouteilles de shampooing par exemple, dans lesquelles on peut dissimuler des bijoux ou de l'argent. On peut également y trouver des pantalons ou des chandails avec de multiples poches cousues à l'intérieur. (Voir la section Documents importants.)

Évitez l'abus d'alcool ou de drogues afin de minimiser les dangers d'être attaqué ou de provoquer des situations embarrassantes.

Ne divulguez jamais votre numéro de chambre d'hôtel.

Évitez de vous rendre seul dans des lieux isolés, sur les plages ou dans des ruelles, car vous risqueriez de vous faire voler ou attaquer.

N'utilisez pas les moyens de transport surpeuplés. Il est tellement facile de se faire vider les poches ou subtiliser un sac sans même s'en rendre compte. Aussi, évitez de vous déplacer à motocyclette, surtout la nuit hors des centres urbains.

Dans une situation désagréable, ne résistez pas à vos agresseurs. Cela ne ferait qu'empirer la situation.

Si vous êtes une femme et voyagez seule, privilégiez une tenue sobre. Portez une alliance à l'annulaire gauche pour éviter d'être importunée. Demandez au personnel de l'hôtel les lieux à fuir. Finalement, misez surtout sur les sorties de jour. Profitez de vos soirées pour écrire vos cartes postales ou fréquenter des lieux sécuritaires.

La meilleure prévention reste de s'informer le plus possible sur l'endroit que vous visiterez, tant sur l'aspect des coutumes, de la religion que de la langue de façon à minimiser les situations qui pourraient être mal interprétées et vous attireraient les ennuis. Le personnel de l'hôtel de même que celui des centres d'information touristique seront de bonnes ressources pour vous conseiller sur les quartiers à éviter.

En conclusion, votre imagination de scénarios probables vous dictera aussi d'autres précieux conseils de sécurité.

Le retour

Ironiquement, une bonne partie du retour se planifie et s'organise de préférence avant même le départ.

Si vous voyagez en groupe avec plusieurs véhicules, les parents ou les tuteurs doivent arriver à la frontière dans le même véhicule que les enfants pour éviter toute confusion. De plus, les agents des services frontaliers sont constamment à l'affût d'enfants disparus. Il se peut donc qu'ils posent des questions précises au sujet des enfants qui voyagent avec vous. Alors il vaut mieux que ce soient les vôtres.

Si vous quittez le Canada avec des objets de valeur, tous les bureaux de l'Agence des services frontaliers du Canada (ASFC) offrent un service d'identification gratuit. L'agent des services frontaliers, inscrira votre objet sur une fiche intitulée *Description d'articles exportés temporairement*. À votre retour au Canada, vous n'aurez qu'à présenter la fiche.

Si vous envisagez de rapporter autre chose que des t-shirts ou des cartes postales en souvenir, informez-vous de ce qui peut être ramené au Canada selon le nombre de jours où vous avez été absent. Conservez tous les reçus de vos achats à l'étranger à portée de main. Cela pourrait vous simplifier la tâche une fois de retour en sol canadien.

Saviez-vous qu'il est illégal d'importer certains objets? C'est le cas notamment de biens culturels, par exemple les antiquités ou les fossiles dont la vente ou l'exportation est interdite ou contrôlée par leur pays d'origine. Les articles fabriqués à partir d'animaux ou de plantes sauvages réglementés en vertu de la Convention sur le commerce international des espèces de faune et de flore sauvages menacées d'extinction sont aussi considérés comme illégaux. Il existe plus de 30 000 espèces. Une infraction à la Convention pourrait signifier la saisie de votre achat, une amende ou une peine de prison ou les deux. Consultez le site du ministère du Patrimoine canadien ou l'ambassade du pays où vous comptez vous rendre pour en savoir davantage sur les biens culturels ou, encore, le site de l'Agence canadienne d'inspection des aliments ou celui d'Environnement Canada vous renseignera sur les animaux et plantes sauvages réglementés.

N'oubliez pas que certains pays imposent une taxe sur le transport aérien ou des frais de services à l'aéroport ou au point de départ. Conservez donc suffisamment d'argent dans la devise du pays pour vous en acquitter.

Si vous tombez malade à votre retour, consultez rapidement votre médecin et mentionnez-lui votre voyage. Si vous avez été malade pendant votre voyage, voyez votre médecin à votre retour et renseignez-le sur le pays visité et les traitements reçus. Il serait sage de lui présenter tous les documents que vous auriez reçus de la clinique où vous avez été traité.

@dresses utiles

CAA Québec

www.caaquebec.com

Site très complet. On clique sur la section Voyage et on découvre la rubrique Capsules-conseils. Une vraie mine d'or ! Dans La Boutique de la section Voyage, on peut commander des cadenas TSA, qui sont reconnus et acceptés par la Transportation Security Administration (TSA) des États-Unis. Le site propose également les étiquettes Aerotag pour vos valises, des médicaments homéopathiques pour le décalage horaire, une trousse de dépannage pour l'automobile ou encore une pochette de sécurité à mettre autour de la taille pour ranger vos documents importants.

Direction générale des affaires consulaires

www.voyage.gc.ca

Site qui permet de se procurer la brochure *Bon voyage, mais…* publiée par le ministère des Affaires étrangères et du Commerce international Canada. On peut aussi se procurer ce document dans les bureaux de Passeport Canada ou en composant le 1 800 267-8376.

Canada Direct

www.infocanadadirect.com

Site qui donne des renseignements pour effectuer des appels téléphoniques au Canada (ou dans d'autres pays) à partir de l'étranger tout en utilisant les réseaux de télécommunications canadiens.

Passeport Canada

www.ppt.gc.ca

Site du bureau de Passeport Canada donnant des renseignements sur les démarches pour obtenir ce document. Numéro sans frais : 1 800 567-6868

Bureau des affaires consulaires (ministère des Affaires étrangères et du Commerce international)

www.dfait-maeci.gc.ca

Site informant sur les conditions et les exigences de voyage, notamment pour les visas et les questions de santé et sécurité touchant 223 destinations. Cliquez sur le lien Les voyages, puis sur Rapports sur les voyages. Vous pouvez obtenir d'autres informations auprès du Bureau des affaires consulaires (ministère des Affaires étrangères et du Commerce international) au 1 800 267-6788.

Directeur de l'état civil du Québec
www.etatcivil.gouv.gc.ca
Site vous permettant d'obtenir un
Certificat de naissance si vous êtes
né au Québec.

Citoyenneté et Immigration Canada
www.cic.gc.ca
Site permettant d'obtenir de l'information sur les certificats de citoyenneté canadienne et le permis de retour
pour résidant permanent pour celui
qui n'est pas citoyen canadien et qui
a l'intention de séjourner à l'étranger
pour une période prolongée.
Numéro sans frais : 1 888 242-2100

**Administration canadienne de la
sûreté du transport aérien (ACSTA)**
www.acsta.gc.ca
Site donnant de l'information sur les
articles qui sont permis ou interdits
dans le bagage de cabine des transporteurs aériens canadiens.

Transport Canada
www.tc.gc.ca
Site qui regorge d'informations sur
de nombreux aspects du voyage,
qu'il soit en avion, en train, en
bateau ou en automobile. À consulter absolument !

Compagnies aériennes
www.aircanada.com
Site très complet et détaillé qui
aborde plusieurs aspects du voyage.

www.airtransat.com
Site très complet qui vous permet
d'obtenir une foule d'informations
avant votre départ.

Santé Canada
www.hc-sc.gc.ca
Site très complet donnant autant
des renseignements sur les maladies, les vaccins que des conseils de
sécurité. Une fois sur le site, cliquez
sur l'onglet Index A-Z puis sur la
lettre V et finalement sur Voyageurs
(Santé des).

**Agence de la santé
publique du Canada**
www.phac-aspc.gc.ca
Site qui vous donnera de nombreux
conseils utiles sur les voyages et
la vaccination. Il vous fournira les
adresses des cliniques santé-voyage.
Cliquez sur l'onglet Santé des
voyageurs pour obtenir toutes
les informations voulues.

Compagnies ferroviaires
www.viarail.ca
Site complet qui donne tous les
détails en ce qui a trait au voyage
en train au Canada.

www.amtrak.com
Site de la plus grosse compagnie
ferroviaire américaine pour le transport des passagers. Le site est très
complet. En anglais seulement.

Agence des services frontaliers du Canada
www.asfc.gc.ca

Site qui renferme une foule d'informations pour avant, pendant et après le voyage. On trouve notamment des détails sur des exemptions personnelles dont les résidants de retour au Canada peuvent se prévaloir ou encore la brochure *Bon voyage, mais...* ou celle intitulée *Je déclare* qui vous mentionne toutes les exemptions auxquelles vous avez droit au retour d'un séjour en sol étranger. Cliquez sur l'onglet *Voyageurs* à gauche de la page.

Patrimoine canadien
www.patrimoinecanadien.gc.ca/travel

Site qui vous renseigne sur le trafic illicite de biens culturels.

Environnement Canada
www.cites.ec.gc.ca

Ce site vous donnera les détails nécessaires sur la Convention sur le commerce international des espèces de faune et de flore sauvages menacées d'extinction (CITES).

Agence canadienne d'inspection des aliments
www.inspection.gc.ca

Site vous informant sur les aliments, les animaux et les plantes pouvant ou non être importés au Canada.

Bagages en ligne
www.luggageonline.com

Ce site, en anglais seulement, vous offre la possibilité d'acheter des valises, bagages à main, accessoires de voyage, sacs à dos et davantage de plus de 125 compagnies différentes dont les valises inusitées de International Traveller.

Voyager avec des enfants

Au sujet de ce chapitre

Ce chapitre met l'accent sur le voyage en compagnie d'enfants (bébés, tout-petits, enfants d'âge préscolaire et scolaire, préadolescents et adolescents). Il complète le chapitre précédent.

Conseils généraux

Directives de sécurité

Établissez les règles de voyage quelques jours avant le départ et répétez-les le jour du départ. Ce n'est pas à l'aérogare que votre bambin de trois ans écoutera attentivement vos directives de sécurité.

Les conseils doivent être adaptés au moyen de transport emprunté. Par exemple : on ne sort pas le bras par la fenêtre de la voiture, on ne court pas dans les allées du train ou de l'avion, on ne va pas à la piscine seul sur le bateau de croisière, etc.

Soyez vigilant en tout temps. Attention aux boissons et aux aliments chauds que la turbulence en avion ou le roulis du train pourrait faire renverser sur votre enfant. Les fenêtres et les portes de la chambre d'hôtel peuvent-elles être facilement déverrouillées ?

N'oubliez pas que les jeunes de 12 ans et moins doivent s'asseoir à l'arrière de la voiture puisque, au moment d'une collision, les coussins gonflables qui se déploieront risquent de les blesser.

Je t'ai à l'œil !

Ne laissez jamais votre jeune enfant sans surveillance et veillez à ce qu'il ait sur lui un document permettant de l'identifier au cas où vous seriez séparés. Même si votre tout-petit connaît très bien votre nom et votre numéro de cellulaire, il peut oublier ces informations s'il est pris de panique. Faites-lui revêtir des vêtements de couleur vive, ce qui pourrait vous aider à le repérer dans la foule s'il échappait à votre vigilance. En cas d'urgence, ayez donc sur vous plusieurs photos récentes de votre progéniture.

Le mal des transports

Si votre jeune souffre du mal des transports, vous pouvez lui administrer des comprimés. Il vaut mieux alors faire des essais à la maison auparavant. Certains enfants deviennent hyperactifs après avoir ingéré ces produits. Vous ne voudriez sûrement pas les voir gambader dans les allées du train à minuit ! ! ! Consultez votre pédiatre au besoin. Manger souvent et peu à la fois aide à réduire le mal des transports. Limitez la consommation de liquide. Faites-le boire à petite dose chaque fois. Apportez des aliments à grignoter, emballés individuellement, comme des biscottes, des biscuits secs, des céréales, des barres tendres, etc.

L'enfant qui voyage seul
Si votre enfant voyage seul, faites en sorte qu'il soit escorté et que l'équipage veille sur lui, depuis son enregistrement jusqu'à son arrivée. Certaines compagnies imposent des restrictions (vols directs seulement, âge minimum, etc.), vérifiez bien. Le parent ou le tuteur ne peut pas quitter l'aéroport, la gare ou le port avant le départ du vol, du train ou du navire et doit présenter une autorisation et des documents d'identité au moment de l'enregistrement.

Vous aurez besoin d'une lettre de consentement notariée signée et datée par les deux parents. (Voir Adresses utiles.)

Les documents importants

Tous les documents importants devraient être à portée de main en permanence. D'abord, si vous voyagez à l'étranger, le **passeport** est obligatoire pour chaque enfant, peu importe son âge (voir le chapitre précédent sous la rubrique Les documents importants).

Apportez également des **documents d'identité**, par exemple un certificat de naissance ou une carte de citoyenneté. Vérifiez auprès du consulat ou de l'ambassade des pays que vous comptez visiter les conditions d'entrée ou les documents requis. Par exemple, des documents relatifs à un divorce, une ordonnance de garde du tribunal ou un certificat de décès si l'autre parent est décédé.

La lettre de **consentement notariée** signée et datée par les deux parents, autorisant l'un ou l'autre à voyager seul en compagnie des rejetons est plus que recommandée. Si vous voyagez seul avec les enfants, ce document facilitera votre passage aux douanes puisqu'on éliminera la possibilité d'un kidnapping. Si vous voyagez avec votre conjoint et que, peu importe la raison (passeport perdu, accident malheureux, etc.), vous deviez rentrer seul au pays avec les enfants, vos déplacements seront facilités. Les documents juridiques concernant la garde des enfants seront tout aussi salvateurs. Demandez conseil à un avocat si la garde de l'enfant risque de faire l'objet d'un différend pendant le voyage. Les dispositions de garde établies au Canada ne sont pas forcément reconnues par certains pays. Le ministère des Affaires étrangères et du Commerce international Canada suggère une publication intitulée *Enlèvements internationaux d'enfants : Guide à l'intention des parents.*

Finalement, nous l'avons déjà dit, **une autorisation médicale** est nécessaire si vous devez voyager avec un enfant présentant des allergies sévères ou souffrant de diabète l'obligeant à transporter un auto-injecteur d'épinéphrine ou des seringues pour l'insuline. De même, si votre enfant doit prendre des médicaments, une **note médicale** indiquant leurs noms génériques et leur usage est nécessaire.

Quand voyager

On peut répondre à la question «quand voyager?» de deux manières. D'abord en se demandant quand dans une journée et quand dans l'année.

Avez-vous beaucoup de route à faire? Êtes-vous limité en termes de jours de vacances? Avez-vous un vol à attraper qui ne vous permet aucun retard? Devez-vous vous méfier d'une éventuelle tempête de neige? Visiterez-vous un pays où des conflits politiques peuvent survenir?

Peu importe l'heure du départ, ne prévoyez jamais un horaire trop serré. Vous manquerez le départ du bateau si vous faites une crevaison en route pour le port et que vous n'aviez prévu que le temps nécessaire pour vous y rendre. N'oubliez pas les bouchons de circulation ou le détour par le petit coin pour répondre aux urgences de votre enfant. Si vous avez prévu ce genre de situation, il vous sera beaucoup plus facile de conserver votre calme.

Quand doit-on voyager pendant la journée? L'heure de la sieste de vos jeunes enfants serait le moment préférable si vous vous déplacez en voiture. Le temps passera ainsi un peu plus vite pour vos bouts de chou. Vous pouvez aussi partir à l'heure où vos enfants vont habituellement au lit (vers dix-neuf ou vingt heures) et rouler de nuit jusqu'à ce que vous décidiez de vous arrêter. N'oubliez pas que ces gamins seront très en forme le lendemain matin!

Vous devez effectuer un vol outre-mer? Pourquoi ne pas choisir un vol de nuit si vous en avez l'occasion? Vos enfants pourront dormir quelques heures et le temps passera ainsi beaucoup plus vite.

Vos jeunes ont depuis longtemps passé l'âge de la sieste? Orientez votre horaire en fonction des bouchons de circulation que vous aurez à affronter afin de les éviter justement.

Quand voyager dans l'année? Essayez d'éviter les saisons achalandées.

Les vacances des Fêtes, la semaine de relâche du mois de mars et les vacances de la construction en juillet ne sont pas les meilleurs moments. Vous vous exposez à plus de circulation sur les routes, à des tarifs plus élevés dans les hôtels, à de longues files d'attente dans les attractions et à de nombreux autres désagréments. Choisissez des jours de moins grande affluence (si, bien sûr, cela est possible). Vous en profiterez d'autant plus. On peut faire un voyage agréable malgré l'achalandage, par exemple, en visitant le parc d'attractions le lundi plutôt que le samedi. Les visiteurs locaux seront au travail et il ne restera que les touristes comme vous.

Quel est le meilleur moment pour se rendre dans le pays étranger choisi ? Y a-t-il une saison des pluies ? un festival international qui vaut le déplacement ? Il serait fâchant de manquer de quelques jours certains événements intéressants. Documentez-vous le plus possible avant de faire les réservations finales.

Le bagage à main

Le bagage à main est l'outil indispensable de votre organisation en voyage avec vos enfants. Il vous suivra tout au long de votre périple.

Un grand sac fourre-tout peut sembler idéal puisqu'il peut contenir beaucoup de choses, mais votre frustration sera grande lorsque vous essaierez de dénicher la petite (trop petite) auto bleue (et non pas la rouge) bien cachée quelque part au fond. Optez plutôt pour un sac contenant un maximum de pochettes, par exemple un sac à couches de format sac à dos qui vous laissera les mains libres, avec une multitude de pochettes.

Idéalement, chaque membre de la famille devrait posséder son propre sac à dos rempli de ses objets. À partir d'environ trois ans, les enfants pourront trimballer un petit sac à dos contenant certains jouets légers. Attention de ne pas surcharger le sac.

Chacun garde son sac près de lui tout le temps que dure le voyage. À quoi bon avoir un sac truffé des plus merveilleux passe-temps s'il est placé dans le coffre arrière de la voiture ?

Votre sac de voyage devrait contenir, peu importe l'âge, de l'eau en bouteille, des collations, des lingettes humides, des mouchoirs, des jeux pour s'occuper, des vêtements de rechange et une minitrousse de premiers soins (dont le contenu variera selon les besoins). Ensuite, selon que vous vous déplacez avec des mini-mousses ou avec vos grands adolescents, il faudra ajuster le contenu.

Pour les plus petits, gardez des couches, la sucette et la pince, le dou-dou et des biberons (ou compresses d'allaitement) à portée de main en tout temps. Prévoyez des quantités supplémentaires pour faire face à l'imprévu. Une sucette perdue rendra votre voyage pénible si votre ange y est habitué. Mettez des couches supplémentaires dans les valises. Dans certains pays, les couches jetables sont très chères et parfois difficiles à dénicher. N'oubliez pas les vêtements de rechange : un accident est vite arrivé ! Selon les nouvelles normes en vigueur, vous pouvez emporter dans l'avion la préparation pour nourrissons, les aliments pour bébé, le lait et le jus si vous êtes accompagné d'un enfant de deux ans et moins. Vous devez déclarer ces aliments aux agents de contrôle de sûreté. Il se peut que vous deviez subir un contrôle additionnel. Pas besoin de sac plastique. Pensez aux ustensiles et aux bavoirs. Votre minitrousse de premiers soins devrait contenir de l'acétaminophène liquide ou à croquer, de la solution électrolytique en cas de diarrhée, un thermomètre, un médicament contre les douleurs dentaires si bébé perce ses dents, ainsi que quelques pansements. Identifiez bien tous vos contenants.

De préférence, mettez des jouets légers, petits et peu bruyants dans le bagage à main. Usez de votre ingéniosité pour économiser de l'espace. Un casse-tête que votre jeune enfant connaît bien occupe moins d'espace dans un sac refermable que dans la boîte d'origine. Les dix crayons à colorier les plus utilisés attachés par un élastique suffiront plutôt que la grande boîte de soixante. Un petit cahier à colorier qui raconte également une histoire vous fera économiser de l'espace. Placez quelques nouveautés dans votre bagage à main afin de calmer des enfants devenus trop turbulents.

Les plus vieux prépareront leur sac. Ajoutez-y quelques surprises à leur insu, selon leurs goûts.

Pensez aussi à vous. Vous aurez peut-être le temps de lire une revue ou un livre pendant les siestes. Glissez-le simplement dans le sac de bébé. Cela vous évitera d'avoir à transporter un sac supplémentaire. Après tout, vous n'avez qu'une seule paire d'épaules !

L'accord entre frères et sœurs

« MAMAAAAN ! Il m'a fait une grimace !

– C'est même pas vrai ! C'est elle qui a commencé. »

À votre insu, une tape du plus vieux arrive sur le bras de la plus jeune.

« Mamaaan ! Il m'a frappée !

– C'est un accident ! »

Vous jetez un œil à l'odomètre et constatez que vous n'avez parcouru que 10 kilomètres. Il vous en reste 992 à faire ! Vos nerfs commencent déjà à bouillir alors que vous n'avez pratiquement pas encore quitté la ville. Comment survivre aux heures à venir ? En prenant le temps d'organiser vos petits ou vos grands poussins, tout simplement.

D'abord, assurez-vous du confort de tous.

✔ Si vous voyagez en voiture, installez des ministores pour couper le soleil.

✔ Prévoyez des collations pour tous (voir la section Les collations au chapitre 3). Limitez les quantités de liquide si vous ne voulez pas continuellement chercher des toilettes.

✔ N'oubliez pas les oreillers afin que chaque enfant s'installe confortablement pour dormir. S'ils sont encore dans un siège d'auto, un coussin confort les portera aisément au pays des rêves. Ce sont des demi-lunes qui s'installent autour du cou. Les boutiques de voyage en vendent de très jolis en forme d'animaux, par exemple. Sinon, un simple coussin suffira.

✔ Apportez le doudou de vos jeunes enfants, que ce soit une peluche favorite ou une couverture.

✔ Demandez à vos enfants de prévoir quelque chose pour s'occuper : livre, musique, jeux portatifs, carnet pour écrire ou dessiner, etc. S'ils sont jeunes, faites-le pour eux ou vérifiez à tout le moins leurs choix (voir la section suivante).

✔ Peu importe la saison, assurez-vous que votre progéniture soit adéquatement vêtue. En hiver, les gros chandails sont plus confortables que l'habit de neige qui tient encore au chaud par -40 °C. En été, la petite camisole laissera peut-être passer des frissons si la climatisation fonctionne à plein régime ou encore si vous êtes assis près d'une porte ou de la fenêtre en avion ou en train. La température d'un véhicule étant parfois difficile à uniformiser et celle d'un avion ou d'un train pratiquement incontrôlable, prévoyez de petites couvertures qui couvriront les jambes ou les épaules en cas de besoin. Apportez des chaussettes supplémentaires pour recouvrir les pieds froids.

Concentrez-vous ensuite sur l'espace physique.

✔ Déterminez les places dans la voiture. S'il y a un problème, tirez au sort puis alternez les places au fil du voyage. Si vous n'avez que deux enfants, laissez le centre libre. En avion ou en train, asseyez un adulte entre eux.

✔ Chaque enfant devrait avoir son petit chez-soi pour y loger ses effets personnels. On peut se procurer de superbes organitouts munis de multiples pochettes que l'on peut fixer au dossier des sièges avant. Chacun pourra y ranger ses objets. Pour les plus petits, comme ils ne peuvent accéder à cet endroit vu leurs bras trop courts, une boîte en plastique posée entre les sièges d'auto fera office de coffre au trésor. Fixez-bien la boîte au siège pour qu'elle ne se transforme pas en projectile en cas d'accident.

Il ne vous reste plus qu'à organiser la vie à bord.

Si vos jeunes se querellent souvent, demandez-leur d'établir trois à cinq règles claires avant le départ. Trois règles s'ils sont de niveau primaire et trois à cinq s'ils sont plus âgés. Ils devront formuler des règles qu'ils croient essentielles à l'harmonie du voyage. Selon leur âge et vos désirs, vous pouvez les guider dans l'élaboration de ces règles. À titre d'exemple, citons : pas le droit de frapper l'autre, interdit de prendre les jouets de l'autre, obligation de respecter chacun son territoire (espace personnel), etc. Notez ces règles et affichez-les quelque part dans la voiture ou rappelez-les souvent si vous utilisez un autre moyen de transport.

Prévoyez ensuite un système facile de récompense et de punition. Par exemple, on peut donner un crédit de 5 ou 10 jetons (selon la durée du trajet) à chaque enfant avant le départ. Si on transgresse une règle, on doit remettre un jeton à la personne responsable (Papa ou Maman) ou dans un contenant prévu à cet effet. Pour éviter que votre enfant ne fasse que des folies à partir du cinquième coin de rue parce qu'il les aura déjà tous perdus, prévoyez une façon surprise de gagner des jetons. À titre d'exemple, l'aîné consent à prêter son jouet au benjamin. Vous soulignez son geste altruiste et lui remettez un jeton. Encore, votre jeune adolescent a jeté ses déchets à la poubelle lors de l'arrêt à la station-service. Vous récompensez ses efforts écologiques par un jeton. Celui ou celle qui aura autant sinon plus de jetons à destination qu'au départ méritera une récompense. Une barbe à papa pendant la journée au parc d'attractions, un livre tout neuf pour l'amateur de lecture, un bijou pour la demoiselle coquette ou quelques dollars pour jouer à l'arcade une fois à destination sont autant d'exemples de récompenses que vos jeunes apprécieront. Pour obtenir un meilleur succès, déterminez d'avance l'ultime récompense personnelle selon les goûts et les intérêts de chacun. Certains diront que cela ressemble à du marchandage, mais disons que quelques dollars judicieusement dépensés en récompenses valent bien la tranquillité d'un long trajet…

De façon à favoriser l'harmonie, inventez des jeux où vos enfants devront travailler en équipe. Par exemple, si vous décidez de bâtir un jeu de bingo maison (voir la prochaine section), faites en sorte que vos jeunes forment une équipe pour réussir à compléter leurs grilles afin d'éviter les chicanes de ga-gnant-perdant.

Quand le trajet s'éternise et que vous sentez que vos rejetons n'en peu-vent plus d'être enfermés dans un espace clos, sortez de petites surprises achetées préalablement. Cela pourrait être le bon moment d'offrir à votre ado le nouveau disque compact qu'il voulait tant depuis un mois ou une pe-tite voiture pour votre garçon d'âge préscolaire. Pourquoi pas un ensemble de papier à lettres pour votre jeune fille ? Vous venez peut-être de gagner une autre demi-heure de repos…

Si malgré toutes ces précautions vos enfants se chamaillent et n'en finis-sent plus, immobilisez la voiture dans un endroit sécuritaire. Tournez-vous vers eux, prenez une grande inspiration (ça aide toujours un peu) et établissez un contact visuel. Énoncez vos exigences et assurez-vous de vous être bien fait comprendre en demandant aux fautifs de répéter ce que vous venez de dire. Vos enfants sentiront que ce que vous venez tout juste de leur dire est vraiment important puisque vous avez même pris la peine d'immobiliser le véhicule. Des menaces criées par-dessus l'épaule alors qu'on est en train de conduire n'ont aucun effet sur eux ou si peu.

Malgré tout, si la pagaille ne cesse pas, utilisez les grands moyens. Vous immobilisez la voiture sur l'accotement, sortez du véhicule et, d'un geste as-suré, vous ouvrez grand la portière des enfants en lançant un «Vous descen-dez ici ! » Ce truc fonctionne infailliblement. Le doute s'installe chez vos an-ges d'amour (Me laisseraient-ils vraiment ici ?) et le trajet se poursuit dans un calme mérité.

Idées d'activités en voiture

Voici une liste non exhaustive d'idées d'activités si vous êtes à court d'ins-piration. Prenez le temps de visiter les boutiques de voyage. Elles regorgent de jeux de toutes sortes. Votre libraire pourra peut-être aussi vous conseiller sur des livres recelant des idées du genre. Bonne route !

Pour tous
✔ *La nourriture*
Certaines personnes détestent que les enfants mangent en voiture à cause

des gâchis possibles (voir la section Les collations au chapitre précédent). Par contre, manger fait passer le temps plus vite quoiqu'il faille limiter la quantité d'aliments ingurgités, tant pour ne pas couper l'appétit pour les repas principaux que pour les risques d'obésité encourus.

✔ *Le lecteur DVD*

Les nouvelles technologies offrent maintenant la possibilité de visionner des DVD tout en roulant. Si vous n'avez qu'un seul lecteur à bord, tentez de choisir un film qui plaira tant à l'aîné qu'au plus jeune. Il n'y a pas moyen qu'ils s'accordent? On apporte deux films que l'on visionnera l'un après l'autre. Un tirage au sort déterminera quel film sera visionné en premier. Autre choix: pour les enfants très lents à se préparer, qui n'en finissent plus de finir, on accordera le premier visionnement à celui ou celle qui s'assiéra dans l'auto en premier. Cela sera sûrement un motivateur efficace. On peut en visionner un à l'aller et l'autre au retour si la route est trop courte; ou, encore, on n'en regarde qu'un peu de chacun. On réglera l'heure de visionnement selon la sieste du plus jeune. Vous venez d'acheter un nouveau DVD? Gardez la surprise pour la route. Si vous possédez un lecteur différent pour chaque enfant, demandez à chacun de choisir des films qui leur conviendront particulièrement.

N'oubliez pas les écouteurs. Les musiques du dernier spectacle du groupe rock préféré de votre adolescent ne correspondent peut-être pas à vos goûts personnels! Ils seront nécessaires aussi si vous avez plus d'un lecteur.

Bébés

✔ *Les pauses*

Les pauses-repas et les changements de couches constituent une réalité lorsque vous voyagez avec bébé. Selon la saison, un parc ou une aire de repos fera très bien l'affaire. Ayez avec vous une grande couverture sur laquelle votre poupon pourra s'étirer un peu. Vous lui ferez faire des étirements des bras et des jambes ainsi que des exercices à plat ventre.

✔ *Le spectacle itinérant*

Si un adulte ou un enfant plus âgé peut s'asseoir sur la banquette arrière avec le bébé, demandez à cette personne de lire des histoires, de chanter, de faire des grimaces drôles, bref, d'être le clown en chef.

✔ *La musique*

Faites jouer de la musique, tantôt dynamisante, tantôt calmante, selon l'heure. Votre trésor aimera entendre votre voix réconfortante de concert avec celle de l'artiste.

✔   *Les jouets*

Placez les jouets préférés de votre petit à portée de main. Idéalement, privilégiez ceux qui peuvent s'attacher à son siège d'auto. Cela évitera de les retrouver sur le plancher de la voiture après seulement dix minutes de route. Pourquoi ne pas lui présenter un nouveau hochet lorsque vous en serez à la moitié du trajet?

✔   *La murale*

Fixez un morceau de tissu très coloré ou orné de dessins faits par vous ou l'aîné au dossier du siège afin que votre poupon ait une vue différente de celle du tissu souvent monochrome des fabricants de voiture. Ce chef-d'œuvre se fixe facilement à l'aide de simples épingles de sûreté.

Tout-petits et enfants d'âge préscolaire

✔   *Les pauses*

Les pauses devront être assez fréquentes puisqu'un jeune enfant a grand besoin de se dégourdir les jambes. On peut s'arrêter dans un parc où se trouvent des structures de jeux et l'inviter à y grimper. Sinon, un ballon laissé en permanence dans le coffre de la voiture peut être infiniment utile. Profitez-en pour changer la couche ou pour la visite aux toilettes (n'oubliez pas la toilette d'appoint – petit pot – si votre enfant a encore de la difficulté à se retenir ou a peur de la grande toilette). Ce peut être le moment bien choisi pour prendre une collation. Limitez la quantité de liquide si vous ne désirez pas entendre un : « J'ai envie de faire pipi ! » dans trente minutes…

✔   *Le bingo*

Le jeu de bingo maison demande une préparation. Si vous n'avez pas le temps, un grand frère adolescent acceptera peut-être de vous donner ce coup de main. À l'aide d'un ordinateur, d'images trouvées dans une revue ou de dessins faits à la main, on confectionne une grille sur laquelle on place des images représentant des objets susceptibles d'être rencontrés en cours de route. Collez la feuille sur un carton rigide afin de faciliter la manipulation en voiture. Au fur et à mesure du trajet, l'enfant marque d'une croix les objets qu'il voit (par exemple : une borne-fontaine, un avion, un cheval, etc.). On peut offrir une surprise lorsque la carte est remplie ou faire une compétition entre frère et sœur. Il faudra prêter une attention spéciale au type d'images choisies en fonction du trajet à parcourir. En effet, il est très difficile de trouver une borne-fontaine en bordure de l'autoroute !

Si vous voulez pouvoir réutiliser ce jeu, plastifiez chacune des images et collez ensuite des aimants au dos. On appose des bandes de ruban adhésif coloré sur une tôle à biscuits pour faire des carreaux et on y place les images. L'enfant n'a plus qu'à faire des croix à l'aide d'un marqueur effaçable.

Certains magasins offrent aussi des jeux de bingo.

✔ *Le coffre au trésor*

Dans un sac pratique à transporter (à bandoulière ou sac à dos), assemblez une collection de jouets ou d'articles ménagers sans danger pour les enfants dans laquelle vous pourrez piger lorsque votre enfant semblera agité. Ces jouets peuvent être choisis par votre enfant lui-même quelques heures avant le départ. Vous saurez alors qu'il y mettra ses favoris et, de plus, il se sentira impliqué dans le processus du voyage. Vérifiez tout de même le contenu, car à quoi sert un cahier à colorier si on n'a pas les crayons de couleur ? Rappelez-vous que certaines activités sont difficilement réalisables en voiture (comme la pâte à modeler) mais qu'elles peuvent être pratiques en attendant les plats au restaurant. Pourquoi ne pas en profiter pour y glisser quelques trouvailles de magasins à un dollar ? Si vous avez plus d'un enfant, mieux vaut avoir un sac pour chacun.

✔ *Chante avec moi*

La plupart des enfants adorent chanter. Quelques chansons fredonnées ensemble ou écoutées sur leur disque préféré les tiendront occupés plusieurs autres kilomètres.

✔ *Raconte-moi une histoire*

Vous pouvez emprunter des livres-cassettes ou des livres-disques compacts à la bibliothèque afin que votre enfant puisse écouter ses histoires préférées ou en découvrir de nouvelles. Il est aussi possible de créer un réseau avec d'autres parents et d'échanger les livres-cassettes que vous aurez achetés.

✔ *La manie des aimants*

Certaines boutiques offrent des livres aimantés très jolis et pratiques dans lesquels on peut recréer une scène à la ferme, sous la mer, à un anniversaire, etc.

Une tôle à biscuits et quelques aimants d'animaux ou de fleurs feront tout aussi bien l'affaire pour les tout-petits. Achetez un deuxième ensemble d'aimants identiques pour faire des jeux d'association.

Enfants d'âge scolaire

✔ *Les pauses*

Les enfants d'âge scolaire auront aussi besoin de pauses pour se dégourdir les membres, mais vu leur âge un peu plus avancé, ils sont en général plus patients. Tentez de trouver un parc où l'on offre des structures de jeux et ayez un ballon à portée de main.

✔   *Le bingo*

On peut modifier le jeu décrit plus haut en écrivant les mots plutôt qu'en mettant des images.

✔   *La trousse d'artiste*

Il est facile de créer une trousse d'artiste pour les déplacements en voiture. Pensez à des articles tels le papier, les marqueurs lavables, une planchette miniature ou un secrétaire portatif, les autocollants, les cure-pipes, etc.

✔   *Au jeu*

On trouve sur le marché de nombreux jeux populaires en format voyage et aimantés, que l'on pense aux jeux de dames, de dominos, de backgammon, et même au jeu du bonhomme pendu. Rien de mieux pour tenir vos jeunes occupés lorsque vous serez coincés dans un bouchon de circulation ! De plus, ces jeux permettent au passager avant de jouer avec les enfants qui sont sur la banquette arrière.

✔   *Le journal de voyage*

Surprenez votre enfant d'âge scolaire avant même de quitter la maison en lui offrant un tout nouveau journal de voyage. Pourquoi ne pas lui donner également un joli crayon neuf qui lui servira à consigner les aventures de son périple ?

✔   *La lecture*

« Maintenant que tu sais lire, tu ne seras plus jamais seul. » Les livres sont des amis qui peuvent nous faire voyager dans des endroits extraordinaires. Si votre jeune est passionné de lecture, offrez-lui une bande dessinée ou un livre tout neuf juste avant le départ. Vous pouvez aussi passer à la bibliothèque municipale pour qu'il choisisse ses titres. Vous aurez ainsi un enfant très occupé qui se distraira de façon magique.

Préadolescents et adolescents

✔   *Les pauses*

À cet âge, les jeunes ont aussi besoin de pauses, question d'étirer leurs muscles. Un grand terrain où ils pourront échanger quelques coups de soccer avec papa, maman ou les frères et sœurs est peut-être ce qu'il y a de mieux. N'oubliez pas la visite aux toilettes !

✔   *Le bingo*

Ce jeu est tout aussi intéressant pour vos grands, surtout s'il a été fabriqué par les jeunes eux-mêmes. Au lieu des images, on peut placer des mots dont les lettres ont été mélangées ou encore, les inscrire dans une langue seconde afin de s'exercer et d'apprendre. Si c'est le cas, n'oubliez pas le dictionnaire.

✔ *La poésie en mouvement*

Mettez votre adolescent au défi! Il devra choisir un mot sur chacun des six prochains panneaux de signalisation et en faire un poème. Apportez papiers et crayons.

✔ *L'adepte des images*

Permettez à votre préadolescent ou à votre adolescent de prendre des photos sur le vif grâce à votre appareil photo numérique.

✔ *Trouve le titre de la chanson*

Tentez de deviner les titres des chansons après avoir écouté la musique pendant quelques secondes à la radio ou sur un disque compact.

✔ *Les jeux aimantés*

Voir la section précédente.

✔ *La lecture*

Cicéron disait : «Une pièce sans livre est comme un corps sans âme.» Si vos adolescents sont passionnés de lecture, invitez-les à se rendre à la bibliothèque municipale avant le départ pour qu'ils choisissent des livres qui leur plairont. Aussi, comme cadeau de vacances, offrez-leur quelques sous pour qu'ils puissent s'acheter un livre à la librairie.

En avion avec bébé

Certains parents sont très anxieux dans les jours précédant le voyage en avion. Mon bébé pleurera-t-il pendant tout le trajet? Réussira-t-il à dormir? Saurai-je le distraire pendant les six heures de vol? Que dois-je apporter? Cela est tout à fait normal. Rappelez-vous que la majorité des autres passagers ont eux-mêmes des enfants ou des petits-enfants et qu'ils seront sûrement conciliants lorsque votre chérubin fera une crise. De plus, le bruit sourd de l'avion fera en sorte que les passagers assis quelques sièges en avant ou en arrière de vous n'auront connaissance de rien. De plus, vous pourrez toujours compter sur le personnel de bord pour vous épauler. Surtout, soyez préparé. Cela vous évitera bien des soucis.

L'enfant de moins de deux ans voyagera sans frais s'il se déplace au Canada ou aux États-Unis et s'il est assis sur vos genoux. Pour les destinations internationales, les transporteurs ont généralement un tarif réduit. Vérifiez au moment de la réservation. Pour plus de confort, réclamez un siège dans la première rangée d'une section. Ainsi, votre petit ne donnera pas de coups de pied dans le dossier du passager avant et on peut installer les berceaux conçus pour les petits de moins de 12 kg (25 lb) ne pouvant se tenir assis. En général, on ne retrouve ces berceaux que sur les gros-porteurs. N'oubliez pas de le mentionner au moment de la réservation. Sinon, utilisez un siège de sécurité homologué pour enfant. S'il n'y a aucun siège dans la première rangée d'une section disponible, rabattez-vous sur un siège donnant sur l'allée. Vous serez plus confortable pour étirer vos jambes et bouger plus facilement avec l'enfant.

De façon générale, on transportera gratuitement votre siège d'auto, votre siège de bébé et votre poussette. Si celle-ci est télescopique ou se replie, vous pourrez la conserver jusqu'à l'embarquement.

Au décollage et à l'atterrissage, les changements de pression sont tels qu'on ressent souvent une douleur aux oreilles ou une légère perte d'audition. Les enfants de moins de cinq ans sont particulièrement touchés vu la sensibilité de leurs oreilles, ce qui peut provoquer pleurs et cris. Pour aider à rééquilibrer la pression, il existe différentes solutions. Vous pouvez faire en sorte que bébé avale, bâille, boive au biberon ou au sein, tète une sucette aux moments du décollage et de l'atterrissage. Si aucun de ces trucs ne fonctionne, vous pouvez offrir votre pouce au bébé. Pour un enfant plus âgé, on présentera un aliment exigeant un bon mouvement de mastication, tel qu'une barre tendre ou de la gomme. N'oubliez pas que la descente peut commencer de trente à soixante minutes avant l'heure d'arrivée. Et de toute évidence, votre trésor doit être réveillé au décollage et à la descente. Finalement, si votre enfant est enrhumé ou souffre d'une otite, faites-le traiter avant votre départ. Sinon, la douleur sera presque insupportable. Selon l'avis de son pédiatre, administrez-lui un sirop décongestionnant suffisamment tôt pour que celui-ci puisse agir avant les moments critiques.

Les tout-petits sont moins affectés que les adultes par le décalage horaire tout simplement parce qu'ils réussissent mieux à dormir en avion. Néanmoins, plusieurs chérubins retrouvent difficilement un rythme de sommeil normal une fois à destination. Ils pourront se réveiller au beau milieu de la nuit, prêts à commencer leur journée ! Les parents devront peut-être alors se résigner à faire la sieste en après-midi, question de pouvoir suivre le rythme…

Au moment de votre réservation et selon l'âge de votre enfant, vérifiez s'il y a un repas spécial servi pour les nourrissons ou les enfants. Habituellement, les transporteurs offrent un repas adapté. Par exemple, des doigts de poulet ou des sandwiches et des frites accompagnés d'un carré au chocolat ou de raisins secs. Les repas ne sont pas toujours fournis pour les bébés tenus dans les bras, et s'ils le sont, il s'agit de purées qui doivent être commandées avant le départ. Dans les deux cas, il faut réserver au moins 18 heures à l'avance. Il vaut donc la peine de bien s'informer avant le départ et d'apporter la nourriture nécessaire en cas de besoin (enfant qui est plutôt fine bouche, qui a des allergies ou dont le repas n'est pas inclus) dans de petits contenants prêts à être réchauffés. Si votre enfant n'est pas allaité, prévoyez également les quantités de lait requises pour toute la durée du trajet en plus de quelques réserves supplémentaires au cas où le vol serait en retard. Idéalement, privilégiez le lait en poudre qui a l'avantage de ne pas nécessiter de réfrigération. Mesurez préalablement les quantités nécessaires dans des sacs pour biberons bien attachés. Il ne vous restera qu'à ajouter l'eau le moment venu. Si vous utilisez des biberons sans porte-sac, il existe des contenants à trois sections qui permettent d'apporter la quantité de lait déjà mesurée.

Dois-je faire vacciner mon bébé ? Tout comme vous, votre petit ange risque d'avoir des ennuis de santé à l'étranger. Par contre, s'il a moins d'un an, comme vous pouvez décider assez facilement de son alimentation et de son environnement, les risques sont relativement faibles. Par contre, s'il a entre un et trois ans, comme il s'aventure partout et a tendance à tout porter à sa bouche, il risque particulièrement de contracter l'hépatite A. Par mesure de prudence, faites-le vacciner contre cette maladie. Votre pédiatre pourra vous renseigner davantage selon votre destination.

Il est probable que votre enfant refusera de dormir dans cet environnement nouveau qu'est l'avion. Rassurez-le en lui remettant son toutou, son doudou et sa sucette. Il se sentira un peu plus comme à la maison. Si, malgré vos bons soins, votre petit amour refuse toujours de dormir, vous pouvez lui faire prendre du sirop antihistaminique pour bébé (tel Benadryl) calculé en fonction du poids de l'enfant. Ce sirop provoque rapidement une somnolence. Bien sûr, comme tout autre médicament, il doit être utilisé avec parcimonie et selon les recommandations de votre médecin ou de votre pharmacien.

Idées d'activités en avion

Une fois les premières minutes d'étonnement passées, il est fort probable que votre enfant commencera à s'agiter et voudra courir dans l'allée. Il vous faudra user d'imagination et de patience pour faire en sorte que le voyage soit agréable pour tous.

Afin de contrer l'ankylose, prêtez attention aux exercices qui sont de plus en plus souvent proposés sur la vidéo de bienvenue. Faites-les au moins une fois par heure. En plus d'occuper votre enfant (peu importe son âge), cela aura un effet bénéfique sur son corps.

Demandez au personnel de bord s'il y a des activités spécialement prévues pour les jeunes passagers. Il peut s'agir de trousses conçues pour divers groupes d'âge comprenant un casse-tête, des cartes à jouer, un livret d'autocollants, des jouets ou un registre de vol. Il peut même y avoir un mini-concours qui mènera à l'obtention d'un diplôme de Grand Voyageur.

Bien sûr, plusieurs idées énoncées dans la section Idées d'activités en voiture peuvent s'appliquer au voyage en avion. Que l'on pense à la lecture, aux jeux aimantés, au journal de voyage à remplir ou au coffre au trésor. Les tablettes des avions sont des surfaces idéales pour la pâte à modeler (on trouve de très petits contenants colorés qui se transportent à merveille) ou pour une séance de coloriage ou de dessins. Pourquoi ne pas jouer aux devinettes avec votre enfant pendant quelques minutes ? Glissez dans le sac quelques nouveaux jouets qui sauront attirer l'attention lorsque fiston ou fillette commencera à devenir turbulent.

Sur la majorité des vols, un ou même deux films sont généralement présentés. Cela tiendra votre enfant plus âgé occupé pendant au moins une heure (parfois deux !) mais aura peut-être peu d'effet sur votre petit de deux ans, surtout si le film ne s'adresse pas à son âge. Prévoyez donc le coup en apportant plus de jouets s'il est plus jeune.

De grâce, pensez aux voisins de sièges qui n'ont probablement pas envie d'entendre les musiques bruyantes de certains jouets. Si vous désirez néanmoins apporter ces jouets avec vous, inversez les piles (nul besoin de les chercher !) que vous remettrez en place une fois rendu à destination. N'oubliez pas le mini-tournevis pour pouvoir effectuer le changement.

Si vous êtes stressé, votre enfant le ressentira et éprouvera les mêmes sensations. Par contre, si vous êtes calme et détendu, il le sera probablement aussi. En fait, une grande part du secret réside dans l'organisation bien avant le départ…

@dresses utiles

CAA Québec
www.caaquebec.com

Site très complet. On va à La Boutique de la section Voyage pour dénicher des coussins confort, des valises pour enfants, des jeux, des livres ou des lampes rétractables.

Affaires étrangères et Commerce international Canada
www.voyage.gc.ca/alt/enfant.asp

Ce site des Affaires étrangères et Commerce international Canada traite des passeports, du voyage en avion, de l'adoption internationale, de l'exploitation sexuelle et des droits de garde et enlèvements.

www.voyage.gc.ca/alt/lettre.asp

Excellent modèle de lettre de consentement pour enfant voyageant seul, avec un tuteur ou un seul de ses parents.

Conclusion

I l est donc possible de mieux s'organiser en tout temps. Il faut de l'engagement, de petits efforts constants et surtout la conviction que le temps consacré à s'organiser sera rapidement récupéré. Il faut également être persuadé que nous en valons les efforts en tant qu'individu. Notre vie nous donnera tellement plus de satisfaction et nous pourrons davantage sourire à la vie, tout en en profitant pleinement. Bon succès et bonne vie !

Remerciements

J e tiens d'abord à remercier mon époux, Christian, qui m'a soutenue dans ce projet d'écriture par son temps, son écoute, ses idées et son amour. Merci aussi à mes enfants, Esther et Ludovic, qui ont accepté de jouer parfois seuls pendant que Maman travaillait à son projet.

Je veux également dire merci à ma cousine et amie Sonia, qui est tout aussi organisée que moi. Merci pour tout le temps que tu as consacré à lire et à relire ce rêve sur papier ainsi que pour tes précieux conseils.

Merci à mes parents qui m'ont transmis cette importante valeur d'organisation.

Merci à mes grand-parents Thérèse et Bruno Bureau qui m'ont offert mon premier emploi d'organisatrice à leur cabane à sucre, alors que je n'étais encore qu'une enfant. Merci de votre confiance et de votre amour pendant toutes ces années.

Un gros merci à Aline et André Sévigny, de grands voyageurs au cœur d'or, qui ont bien voulu lire la section sur les voyages et y ajouter leur touche personnelle.

Finalement, merci à sœur Monique, mon enseignante de troisième année, qui m'a inspiré le goût de l'écriture.

Annexes

Pour joindre l'auteure

Pour joindre l'auteure, organisatrice professionnelle diplômée de la HG Training Academy en Californie, afin de bénéficier de ses services, pour des conférences ou des rencontres en milieu de travail ou pour une consultation à domicile, visitez le site Internet **www.lartdelorganisation.com**

Bibliographie

HAURI, Peter, Ph. D. et LINDE, Shirley, Ph. D., *Plus jamais de nuits blanches !*, Montréal, Les Éditions Logiques, 1998.

LAURENDEAU, Hélène et COUTU, Brigitte, *L'alimentation durant la grossesse*, Montréal, Édition du Club Québec Loisirs Inc., 2001.